中华优秀传统国学阅读经典

孙子兵法

【春秋】孙武　王新　编校

中国商业出版社

图书在版编目（CIP）数据

孙子兵法 / 王新编校 . -- 北京：中国商业出版社，2019.10

ISBN 978-7-5208-0857-6

Ⅰ . ①孙… Ⅱ . ①王… Ⅲ . ①兵法—中国—春秋时代 ②《孙子兵法》—注释③《孙子兵法》—译文 Ⅳ . ① E892.25

中国版本图书馆 CIP 数据核字 (2019) 第 157065 号

责任编辑：王 静

中国商业出版社出版发行

010-63180647　www.c-cbook.com

（100053　北京广安门内报国寺 1 号）

新华书店经销

三河市同力彩印有限公司印刷

*

710 毫米 ×1000 毫米　16 开　16 印张　190 千字

2020 年 1 月第 1 版　2020 年 1 月第 1 次印刷

定价：48.00 元

*　*　*　*

（如有印装质量问题可更换）

前　言

泱泱中华五千载，悠悠国学民族魂。中华国学"为天地立心，为生民立命，为往圣继绝学，为万世开太平"，是中华民族几千年来生生不息的根本，是华夏儿女的文化基因和精神支柱。

中华传统文化经过千百年历史的冲刷洗礼和不断交流、融合以及沉淀，最终形成了求同存异、兼收并蓄、辉煌灿烂的特点，它也是世界上唯一绵延不绝而从没中断的古老文化，并始终充满了生机与活力。

国学就是中国之学、中华之学，是以母语汉语为基础，表达了中华民族的精神价值和处世态度，有利于凝聚中华民族的文化向心力，有利于中华民族大团结，是华夏儿女的生命火炬，我们要世代相传和不断发扬光大。

中华优秀传统文化在思想上有大智，在科学上有大真，在伦理上有大善，在艺术上有大美。在中华民族艰难而辉煌的发展历程中，优秀传统文化薪火相传、历久弥新，始终为国人提供精神支撑和心灵慰藉。所以，更多地从传统优秀国学经典中汲取丰富营养，不仅能充实灵魂，而且能够拥有一种神圣而崇高的家国情怀。

中华传统国学是指以儒学为主体的中华传统文化与学术，内容非常广泛，内涵十分丰富，如蒙学十三经、四书五经等，作为国学中经典之经典，铸就了"国学蒙学之最、中华不可或缺之魂"，凝聚了我国五千年的文明史和传统文化，体现了中华民族博大精深的文化精髓，是经过多少代人实践检验过的文化瑰宝，承载着中华民族伟大复兴的梦想。

中华传统国学中具有极高价值的经典与文章不胜枚举，且不说春秋战国时期的经传宝典，也不说《史记》《资治通鉴》，仅唐诗、宋词、元曲就有许多脍炙人口的佳作，今天我们作为中华儿女对这些精品岂可淡化或视而不见？

中华传统国学经典，蕴含了中华儿女内圣外王的个体修养和自强不息的群体精神，形成了重义轻利的处世态度以及孝亲敬长的人伦约定，包含着辩证理智的心智思维和天人合一的整体观念。

这些国学经典千百年来作为我国传统文化与教育经典，在内容方面包有治国、修身、道德、伦理、哲学、艺术、智慧、天文、地理、历史等丰富的知识；在艺术方面丰富多彩，各有特色，行文流畅，气势磅礴，辞藻华丽，前后连贯。古往今来，无数有识之士从中汲取知识，不仅培养了良好的道德品质，还提升了儒雅、纯美、睿智的气质。

国学经典是广大读者必备的精神食粮。读者阅读国学经典，能够秉承国学仁义精神，养成谦和待人、谨慎待己、勤学好问等优良品行，达到内外兼修与培养刚健人格的学习目的。读者阅读国学经典，就如同师从贤哲，使自己能够站在先辈们的肩膀之上，在高起点上开始人生道路。阅读圣贤之书，与圣贤为伍，是精神获得高尚和超越的最高境界。

如今社会处于转型时期，充斥着各种各样所谓的现代文化，良莠不齐、纷繁杂芜。作为读者，应该慎重地从文化杂烩中精挑细选最好的、最纯的、最精的文化知识进行学习，以便促进身心的健康，那么国学经典就是最佳的选择。

当然，我们必须注意：传承古代经典，不是单纯背诵一些诗词，而是传承古老中华文明；不是只知其文不解其意，而是传承经典文化中的精神；不是对所有传统的东西都加以吸收，而是采取"扬弃"态度，取其精华去其糟粕；也不是排斥其他国家和民族的先进文化，要互相理解和尊重，要有兼容并包的情怀和清醒的头脑，做到互相学习和互相促进；更不是躺在灿烂传统文化的光环下故步自封，要积极开创未来的、先进的和科学的民族文化，要创造新的文化辉煌。

国学经典并非陈旧过时的东西，它能够适应任何时代的需要，且不同的时代都可以进行新的解读,都有时代的新意。广大读者要古为今用,活学活用,在新的时代推陈出新,进行新的解读,赋予新的内涵,不断发扬新的精神。

我们欣喜地看到,在党和政府的积极号召下,教育部印发了《完善中华优秀传统文化教育指导纲要》,各级教育机构启用了《中华优秀传统文化》教材,中小学语文新课标中也增加了青少年学生阅读和学习国学的分量,许多中小学开设了专门的国学课程,全国各族人民掀起了学习和传承中国传统文化的热潮。

为此,在有关专家的指导下,我们特别精选编辑了这套"中华传统国学阅读经典"作品,根据广大读者特别是青少年读者学习吸收的特点,采取了板块化的篇章结构。文前部分主要包括作者简介、题解+背景、作品概况、思想内容和艺术特点等内容,正文部分主要包括原文、注释、解读、感悟、赏析、故事等内容,文后部分主要包括名言妙语、读后感、知识互动大会等内容。同时还配有精美的插图,图文并茂,生动形象,非常易于阅读、理解和欣赏,能够培养广大读者的国学阅读兴趣,从而增强大家对中华优秀传统文化的热爱、传承和发展,最终积极投身到中华民族伟大复兴的中国梦之中。

根据"部编教材"和广大读者特别是青少年读者学习吸收的特点，采取版块化篇章结构，设置丰富的专题栏目，解构阅读知识要点，无障碍直通阅读核心，重点感受丰富的知识和独特的艺术，领会和发扬深刻的国学精神！

导 读

作者简介
简单介绍作者生卒生平事迹、代表作品和历史影响等。

题解 + 背景
简单阐述书名来历、作者社会背景、创作动机、创作过程等。

作品概况
简单介绍作品结构形态、流传过程和历史价值等。

思想内容
简单分析作品思想内涵、社会价值和启迪作用等。

艺术特点
简单解析语言表达、篇章结构、人物形象等丰富的艺术特色。

第一章　始计篇

导　读
概括篇章主题和内容等，简介学习之目的。

《始计篇》是《孙子兵法》十三篇的总纲，主要论述了战争指导者在开战之前以及在战争中如何筹划全局的问题，阐述了谋划在战争中的重要意义，并探讨决定战争胜败的各项基本条件。

精美配图
根据内容配图，图文并茂，让知识变得生动形象，让阅读变得丰富有趣。

二、经之以五事

原　文
参考众多权威版本，忠实于原著原文呈现。

故经之以五事，校之以计，而索其情❶：一曰道，二曰天，三曰地，四曰将，五曰法。道❷者，令民与上同意，可以与之死，可以与之生，而不畏危也；天者，阴阳、寒暑、时制❸也；地者，远近、险易、广狭、死生也；将者，智、信、仁、勇、严也；法者，曲制、官道、主用也❹。凡此五者，将莫不闻，知之者胜，不知者不胜。故校之以计，而索其情。

注释

注　释
介绍和评议生僻难懂语汇、内容、背景、引文等。

❶故经之以五事，校（jiào）之以计，而索其情：经，量度，即分析。校，比较。此句意为需从五个方面来分析、比较双方的谋划，以探索战争的情势。

❷道：道路。此处指政治开明。

❸时制：季节更替。

❹法者，曲制、官道、主用也：曲，军队编制。制，指挥号令。官道，各级官吏之职责与管理。主用，军需配备与使用。

4

⑩甲胄（zhòu）矢弩（nǔ）：甲，铠甲。胄，头盔。矢，箭。弩，弓弩，一种用弩机发射箭矢的武器。
⑪戟楯蔽橹（jǐ dùn bì lǔ）：泛指各种攻防兵器。"楯"同"盾"。蔽橹，即大盾牌，指战车上的防护器械。

注 音
对多音字以及破音、通假、古音、外族语言等异读字词进行注音。

解读

善于用兵打仗的人，兵员不再次征集，粮草不多次运送。武器装备由国内提供，粮食给养在敌国补充，这样，军队的粮草供给就充足了。

国家之所以因用兵而导致贫困，就是由于远道运输，远道运输会使百姓陷于贫困。临近驻军的地区物价必定飞涨，物价飞涨，就会使得百姓之财富枯竭。公家财富枯竭，国家就急于增加赋役。如此一来，国内便家家空虚。百姓私家财产损耗十分之七。公家的财产，由于车辆破损，马匹疲惫、盔甲、弓箭、矛戟、盾牌、牛车的损失，而耗去十分之六。

解 读
对原文进行译解，使之通俗易读，浅显易懂。

感悟

孙子在这里论述了军事后勤的问题，提出"因粮于敌"的军事思想。"兵马未动，粮草先行"，在古代战争中，最主要的消耗即在粮草的供应上，对此，孙子明确指出"国之贫于师者运输，远输则百姓贫"。

在当时交通运输十分落后的情况下，远道运输不仅劳民伤财，致使兵饥民疲，还会加重国家的经济负担，使"中原内虚于家"，而且运输线也常常成为敌人攻击的目标，一旦粮道被敌人断绝，士卒将会困于虎口。

基于这种情况，孙子提出"因粮于敌"的主张。在古代，"因粮于敌"的思想一直是指导作战的原则，这反映了孙子取之于敌、用之于战的战略思想。
……

感 悟
深刻领会段落或篇章内涵，结合感受进行明白晓畅的阐释。

完美大结局

名言妙语
推介作者、作品的名言格言和妙言妙语，让读者加深印象、获得美感或启迪等。

读后感
从中、小学生认识角度，剖析阅读作品后的所思所感、所作所为等，达到有所收获和感悟等。

作者简介

孙武(约公元前545—约公元前470)字长卿,齐国乐安人,我国春秋时期著名军事家和政治家,被尊称为兵圣或孙子,誉为"百世兵家之师"。他著有被誉为"兵学圣典"的巨作《孙子兵法》。

孙武的祖父田书在军事理论上颇有建树,年过八旬仍能挂帅出征,因为伐莒有功,被齐景公赐姓孙氏。孙武从小受到祖父的影响,就喜欢研习军事与武艺。他的军事理论更是远近闻名,在各诸侯国间很有影响。公元前512年,吴王阖闾与大夫伍子胥商议,准备向西进兵。伍子胥便"七荐孙子",使得阖闾同意了接见孙武。在见吴王之前,孙武隐居了一段时间,写成了《孙子兵法》。

孙武带着自己所著的兵法来见吴王,阖闾看了后暗自赞叹。于是,吴王任命孙武为吴将,并常常与孙武探讨各种军事及政治问题,吴王都能获得满意答案。

公元前508年,吴国采用孙子"伐交"战略,策动桐国,使其叛楚,接着吴军乘楚不备击败了楚师。后来吴军采取孙子"因粮于敌"等多种策略,经过五次大战,攻入了楚都郢。

阖闾去世后,由夫差继位,孙武继续辅佐夫差,努力积蓄钱粮,充实府库,制造武器,扩充军队,经过三年,吴国国力大增。公元前494年,越王勾践进攻吴国。吴军采取孙武的"诈兵"计谋,越军很快大败,越国只得向吴屈辱求和。

孙武在吴国生活了30年,为吴国的强盛和称霸中原做出了杰出贡献。孙武50多岁时,转而隐居乡间,修订其兵法著作。好友伍子胥被杀后不久,孙武因忧国忧民和郁郁不得志而离世了。

题解+背景

公元前532年,齐国发生内乱后,孙武毅然到了南方的吴国,隐居在吴国都城姑苏,潜心钻研兵法,著成兵法十三篇。公元前512年,经吴国大夫伍子胥多次推荐,孙武带上他兵法十三篇晋见吴王。

在回答吴王提问时,孙武的议论惊世骇俗,见解独特深邃,引起一心图霸的吴王赏识,并以宫女180名让孙武操演阵法,当面试验孙武的军事才能,验证通过后即任命孙武为将军。孙武所著兵法十三篇最初称《吴孙子》《孙子》《孙武子》等,后广泛流传于天下。因为孙武也非常有名了,他的著作便被人们称作《孙子兵法》了。

孙武在著作之前,经历了一个较长时期的孕育过程。其产生因素是多方面的,择其要者,主要有几点:一是中国远古以来,特别是春秋时期频繁、激烈、多样的战争是《孙子兵法》产生的源泉;二是此前已有的兵学理论成果,如《军志》《军政》古《司马法》以及令典等,是《孙子兵法》成为兵学峰巅的阶石;三是春秋时期的社会思潮,特别是关于"道""仁""阴阳""保民"等的理论,是《孙子兵法》形成的文化因素;四是崇武尚智的齐文化是培育《孙子兵法》军事理论的丰厚沃土;五是中国在先秦时期就已经形成的系统思维、辩证思维、象类思维等思维方式,对《孙子兵法》理论体系的构筑起了指导性作用。

《孙子兵法》曾被誉为"前孙子者,孙子不遗;后孙子者,不遗孙子"。它所阐述的谋略思想和哲学思想,被广泛地运用于军事、政治、经济等各领域中。其内容博大精深,思想精邃富赡,逻辑缜密严谨,曾被翻译成多种语言,在世界军事史上具有重要的地位和影响。

作品概况

东汉史学家班固编撰的《汉书·艺文志》记载"吴孙子兵法"八十二篇。后世所见《孙子兵法》是十三篇，共计五千余字。以下是作品全部内容的主要归纳：

第一篇至第三篇主要讲述战略运筹：第一篇《始计篇》，讲的是庙算，即出兵前在庙堂上比较敌我的各种条件，估算战事胜负的可能性，并制订相应的作战计划；第二篇《作战篇》，讲的是庙算策划后的战争动员，如何做到战胜敌方并使自己保持强大；第三篇《谋攻篇》，讲的是以智谋攻取城池，即不采用武力，而是采用各种手段使守敌投降。

第四篇至第六篇主要讲述作战指挥：第四篇《军形篇》，讲的是具有客观、稳定、易见等性质的因素，如战斗力的强弱、战争的物质准备等；第五篇《兵势篇》，讲的是主观、易变等带有偶然性的因素，如兵力配置、士气强弱等；第六篇《虚实篇》，讲的是如何通过分散集结、包围迂回，造成预定会战地点上的我强敌劣和以多胜少。

第七篇至第九篇主要讲述战场机变：第七篇《军争篇》，讲的是如何"以迂为直""以患为利"，夺取会战的先机之利；第八篇《九变篇》，讲的是将军要根据不同情况采取不同战略战术；第九篇《行军篇》，讲的是如何在行军中宿营和观察敌情等。

第十篇至第十一篇主要讲述军事地理：第十篇《地形篇》，讲的是六种不同作战地形及相应战术要求；第十一篇《九地篇》，讲的是依据主观与客观形势和深入敌方程度等划分九种作战环境及相应战术要求。

第十二篇《火攻篇》，讲的是以火助攻与"慎战"思想；第十三篇《用间篇》，讲的是五种间谍的配合使用。

思想内容

《孙子兵法》是世界上一部重要的军事著作,被誉为"兵学盛典"。它是我国古典军事文化遗产中的璀璨瑰宝,是我国优秀文化传统的重要组成部分。其内容博大精深,思想充足精邃,逻辑缜密严谨,是我国古代军事思想精华的集中体现。

《孙子兵法》不仅是一部军事著作,更代表着传统的智慧、思想、文化,是几千年华夏文明的结晶,是中华文明的智慧根基和源泉之一,从中可以使我们获得智、信、仁、勇、严等人生的力量。

在《孙子兵法》中,孙武讲"仁",但是并不把"仁"放在首要地位。他说:"将者,智、信、仁、勇、严也。"孙武生活在有尚武精神传统的齐文化环境中,他在讲将领的五德时,把"智"放在首要地位,而把"仁"的要求放在了次要地位,这是十分自然的。

但是,孙武并不是不要"仁",而是将"仁"用于对士卒的管理和教育方面。《孙子兵法》中说,"视卒如婴儿""视卒如爱子",即体现了"仁"的思想。其实,孙武的"仁",还有更高的原则,即要符合战胜敌人、维护国家利益的要求。

《孙子兵法》具有丰富的辩证法思想,其中探讨了与战争有关的一系列矛盾的对立和转化,如敌我、主客、众寡、强弱、攻守、胜败、利害等。《孙子兵法》正是在研究这各种矛盾及其转化条件的基础上,提出其战争的战略和战术的。作品体现的辩证思想,在中国辩证思维发展史中占有重要地位。《孙子兵法》谈兵论战,集"韬略""诡道"之大成,被历代军事家广为采用。作品的作用远远不只局限于一本军事著作的范畴,它还被广泛运用于政治斗争、商业竞争等方面,具有广泛的应用价值。

艺术特点

《孙子兵法》缜密的军事、哲学思想体系，深远的哲理、变化无穷的战略战术，常读常新的探讨韵味，在世界军事思想领域拥有广泛的影响，享有极高的声誉。

其阐述兵理极具特色，突出特点是舍事而言理，词约而意丰，具有高度哲理色彩和抽象性质。因此，作品的语言艺术赢得了后世极高的评价，也产生了深远的影响。

《孙子兵法》的语言艺术成就是多方面的，主要表现在词语的选择和锤炼，句式的搭配和调整，以及丰富多彩的修辞运用等各个方面。由于作者具有驾驭和使用语言的深厚功力和高超技巧，因此，短短五千多字的作品，就处处闪耀着修辞艺术的夺目光彩。它语言明快，辞彩绚丽，感情充沛，论事说理纵横反复，曲尽其意。因此，它的言论具有折服读者的巨大说服力和强烈的艺术感染力。

《孙子兵法》中比喻的运用十分广泛，主要有明喻、暗喻和博喻，可以说达到了出神入化、炉火纯青的程度。由于作者善用博喻，对于一个观点，一个主张，一种规律，常常从不同方面，不同角度，多方设喻，因而言论具有一种高屋建瓴的论证气势。在这种气势之下，读者不能不接受其观点，不能不被其观点所征服。

《孙子兵法》善于运用对照辞式，观点十分鲜明。作者常常通过对照来阐述自己观点，表明自己态度。作者还善于通过强烈对照来反映事物间的矛盾，揭示事物本质，从而对建军作战中的许多矛盾现象和本质问题论述得极为深刻有力。因此，其论证尖锐有力、深刻鲜明，具有强大的说服力量。

目 录

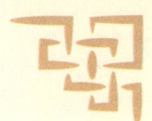

第一章　始计篇

一、兵者，国之大事…………… 2

二、经之以五事…………… 4

三、主孰有道…………… 6

四、计利以听，乃为之势…… 9

五、兵者，诡道也…………… 10

六、利而诱之，乱而取之…… 13

七、攻其无备，出其不意…… 16

八、夫未战而庙算胜者……… 17

第二章　作战篇

一、不知用兵之害者………… 20

二、取用于国，因粮于敌…… 23

三、智将务食于敌…………… 26

四、故杀敌者，怒也………… 27

五、兵贵胜，不贵久………… 30

六、故知兵之将……………… 31

第三章　谋攻篇

一、不战而屈人之兵………… 36

二、上兵伐谋，其次伐交…… 38

三、屈人之兵而非战………… 40

四、用兵之法，十则围之…… 43

五、夫将者，国之辅也……… 45

六、君之所以患于军者三…… 46

七、故知胜有五……………… 49

八、知彼知己，百战不殆…… 51

第四章　军形篇

一、善战者先为不可胜……… 56

二、不可胜者，守也………… 58

三、无智名，无勇功………… 60

四、胜兵先胜而后求战……… 62

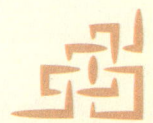

五、修道而保法…………… 63

六、一曰度，二曰量…………… 64

七、胜兵若以镒称铢………… 66

第五章　兵势篇

一、治众如治寡…………… 70

二、以正合，以奇胜………… 72

三、奇正之变，不可胜穷…… 73

四、激水之疾，至于漂石…… 75

五、乱生于治，怯生于勇…… 77

六、形之，敌必从之………… 79

七、择人而任势…………… 80

八、任势者，其战人也……… 82

第六章　虚实篇

一、致人而不致于人………… 86

二、能使敌人自至者………… 88

三、故善攻者……………… 89

四、攻其所必救…………… 91

五、故形人而我无形………… 94

六、故备前则后寡…………… 95

七、故知战之地…………… 97

八、策之而知得失之计……… 99

九、应形于无穷…………… 102

十、避实而击虚…………… 104

第七章　军争篇

一、后人发，先人至………… 108

二、军争为利，军争为危…… 111

三、是故军无辎重则亡……… 112

四、故兵以诈立…………… 114

五、故其疾如风…………… 116

六、三军可夺气…………… 117

七、善用兵者，避其锐气…… 120

八、以治待乱，以静待哗…… 122

九、穷寇勿迫……………… 124

第八章　九变篇

一、君命有所不受………… 130

二、通于九变之利………… 132

三、智者之虑……………… 134
四、屈诸侯者以害…………… 135
五、用兵之法，无恃其不来… 137
六、将有五危………………… 140

第九章　行军篇

一、半济而击之，利………… 144
二、凡军好高而恶下………… 146
三、谨覆索之………………… 148
四、辞卑而益备者…………… 151
五、兵非益多也……………… 154
六、令之以文，齐之以武…… 155
七、令素行以教其民，则民服 157

第十章　地形篇

一、通形者，先居高阳……… 160
二、敌无备，出而胜之……… 162
三、令敌半出而击之………… 163
四、此六者，败之道也……… 165
五、地形者，兵之助也……… 167

六、进不求名，退不避罪…… 169
七、视卒如婴儿……………… 171
八、不知敌之不可击………… 174
九、知地知天，胜乃不穷…… 176

第十一章　九地篇

一、衢地则合交……………… 180
二、合于利而动……………… 182
三、兵之情主速……………… 184
四、深入则专………………… 186
五、连兵计谋，为不可测…… 187
六、兵士甚陷则不惧………… 189
七、齐勇若一，政之道也…… 192
八、静以幽，正以治………… 195
九、登高而去其梯…………… 199
十、夫霸王之兵，伐大国…… 202
十一、投之亡地然后存……… 203
十二、并敌一向，千里杀将… 205
十三、践墨随敌，以决战事 206

第十二章　火攻篇

一、凡火攻有五……………210

二、五火之变，以数守之……212

三、不修其功者，凶…………213

四、主不可以怒而兴师………216

第十三章　用间篇

一、凡兴师十万………………220

二、用间有五…………………223

三、三军之事，莫亲于间……225

四、反间可得而用也…………227

第一章　始计篇

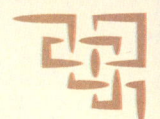

　　《始计篇》是《孙子兵法》十三篇的总纲，主要论述了战争指导者在开战之前以及在战争中如何筹划全局的问题，阐述了谋划在战争中的重要意义，并探讨决定战争胜败的各项基本条件。

　　孙武开宗明义地指出："兵者，国之大事，死生之地，存亡之道，不可不察也。"强调了战争是关系国家存亡、人民生死的大事，对于开战之前的谋划，必须要高度重视，并进行认真探究，其中蕴含着对关系社稷安危的战争问题必须谨慎处之，以及没有认真的准备和周密的部署，不能随意兴师开战的慎战思想。

　　孙武在本篇中还强调，作战前必须对敌我双方的客观条件进行周密的研究、明智的判断和认真的谋划，以便在此基础上制订正确的作战计划。孙武认为，谋划周密就可能在战争中获胜，谋划不周则难于获胜，根本不进行谋划则注定要失败。

　　他主张充分发挥战争指导者的主观能动性，分析、把握各种条件，根据利害关系和不断变化的形势来进行研究和谋划，创造战略战术上的有利态势，从而确保自己在战争中立于不败之地。

　　为了取得战争的优势与主动，他还提出了"攻其不备，出其不意"的战术，强调以灵活机动、快速多变、欺敌误敌的战法来打击、消灭敌人。

一、兵者，国之大事

兵者①，国之大事②，死生之地，存亡之道，不可不察③也。

注释

❶ 兵：本义为兵械。《说文》："兵，械也。"后逐渐引申为战士、军队、战争等。这里作战争解。
❷ 国之大事：国家的重大事务。
❸ 不可不察（chá）：察，考察、研究。不可不察，意指不可不仔细审察，谨慎对待。

解读

孙子说："战争是国家的大事，是军民生死安危的主宰，是国家兴衰存亡的关键，是不可以不认真考察研究的。"

感悟

孙子开篇就提出了谋划在战争中的重要意义。他对君王将相提出：对待战争，必须有对国家、黎民高度负责的态度，强调在开战之前，要有战略意识和全局观念，对敌我双方的基本条件要周密研究、认真谋划，以便制订正确的迎战措施和作战计划；并应随时加强军队训练，培养精兵良将，以免在战争来临时对国家和军民造成灾难。

第一章 始计篇

历史的经验也表明，国家的兴亡和政权的更替，往往与战争有着直接的关系。所以，一个国家或政权，要想在未来的战争中生存和发展，国家或政权的领袖就要重视战争，研究战争，研究战争的规律，把握未来战争的机会，控制未来战争的风险，争取未来战争的胜利。

不重视战争，招致国破家亡的事例屡见不鲜。五代时，南唐末代君主李煜平时纵情诗酒，沉溺声色，疏于政务，对战争及国家大事一概不问；既不谙事，又不识人，轻易中了宋太祖的反间计，杀害了自己能征善战的大将林仁肇和忠臣潘佑，以致在宋军压境之时，束手无策，最后只好光着身子自缚请降。这个未识干戈的君主，终酿成了国破家亡之恨、山河易色之悲，让人深思。

二、经之以五事

故经之以五事，校之以计，而索其情❶：一曰道，二曰天，三曰地，四曰将，五曰法。道❷者，令民与上同意，可以与之死，可以与之生，而不畏危也；天者，阴阳、寒暑、时制❸也；地者，远近、险易、广狭、死生也；将者，智、信、仁、勇、严也；法者，曲制、官道、主用也❹。凡此五者，将莫不闻，知之者胜，不知者不胜。故校之以计，而索其情。

注释

❶ 故经之以五事，校（jiào）之以计，而索其情：经，量度，即分析。校，比较。此句意为需从五个方面来分析、比较双方的谋划，以探索战争的情势。

❷ 道：道路。此处指政治开明。

❸ 时制：季节更替。

❹ 法者，曲制、官道、主用也：曲，军队编制。制，指挥号令。官道，各级官吏之职责与管理。主用，军需配备与使用。

解读

所以必须审度敌我五个方面的情况，比较双方的谋划，以探求对战争情势的认识。这五个方面，一是政治，二是天时，三是地利，四是将才，

第一章　始计篇

五是法制。所谓政治，就是要让人民认同、拥护国君，使人民愿为国君不顾危险，出生入死；所谓天时，是指昼夜、晴雨、寒冷、酷热、四季更替；所谓地利，就是指征战路途的远近、地势的险要与平坦、作战区域的宽广与狭窄、地形对于攻守的益处和弊端；所谓将领，就是要求将帅足智多谋、赏罚分明、爱护部属、勇敢果断、军纪严明，以树立良好的威信；所谓法制，就是指军队之组织编制的设立、各级将吏的统辖管理和职责分工、军需物质的供应和掌管。

对这五个方面，将领都不能不做深刻了解。了解就能胜利，否则就不能胜利。所以，要通过对双方各种情况的考察分析，并据此加以比较，从而来预测战争胜负。

感悟

孙子强调战争是国家最大、最重要的问题，对于战争决策必须全面而认真权衡。由此他提出了"五事""七计"。

就五事而言，要求用兵之前要从五个方面来分析研究胜负的情况。第一政策是否符合人心，国家和民众目标是否相同。只有国民意志统一，同生共死，才能赢得战争的胜利。第二天气是否适宜，没有好的气候条件，也难以决定战争的胜负。第三地理环境是否有利。第四是否有德才兼备的将才，第五队伍的组织是否职责明确、制度是否严明。这五个方面是判断战争胜负的最基本条件，也是战争谋划中不可不考虑的因素。

历史上记载武王伐纣时"牧野倒戈"就是利用了人心的力量，让纣王的军队掉转长矛，敌我合一攻入朝歌，终于获得胜利，建立了周朝；关羽水淹七军用的是水，孔明草船借箭凭的是雾，周瑜火烧赤壁靠的是风；拿破仑的百万雄师所向披靡，却抵挡不住莫斯科的严寒；秦国据函谷之险，抵御了六国的联合进攻；曹操在行军中规定，如果军士踩踏了老百姓的麦田，将处以死罪，后因自己违背了这一项规定，便割发代首来严明军纪，最后终于取得了官渡之战的胜利。所有这些都说明了孙子所说的"五事"对于战争胜负的影响。

三、主孰有道

曰：主孰有道❶，将孰有能❷，天地孰得❸，法令孰行，兵众孰强❹，士卒孰练❺，赏罚孰明，吾以此知胜负矣❻。

将听吾计❼，用之必胜，留之；将不听吾计，用之必败，去之。

注释

❶ 主孰（shú）有道：哪一方的国君施政清明。

❷ 将孰有能：哪一方的将领更有才能。

❸ 天地孰得：哪一方拥有天时、地利。

❹ 兵众孰强：哪一方的兵械锋利、士卒众多。兵，此处指的是兵械。

❺ 士卒（zú）孰练：哪一方的军队训练有素。练，娴熟。

❻ 吾以此知胜负矣：我根据这些情况来分析，即可预知胜负的归属了。

❼ 将听吾计：如果听从我的计谋。将，如果。计，计策、计谋。

第一章　始计篇

解读

所以说，哪一方的国君施政清明，哪一方的将领更有才能，哪一方能占据较有利的天时、地利，哪一方的法令能有效地贯彻执行，哪一方的武器装备更为精良，哪一方的士卒训练有素，哪一方的赏罚更为公正严明，根据这些情况就可以判断胜负的归属了。

如果能听从我的计谋，指挥作战一定胜利，我就留下；如果不能听从我的计谋，指挥作战一定失败，我就离去。

感悟

孙子提出了用兵之前，决定胜负的五个基本因素，而要详细剖析这五个基本因素，探索战争的胜负形势，还要从"七计"中去推断。

首先要看一个国君的政策是否能上下一心，其二要看双方的将帅谁的素质更好、才干更高，其三要看是否占据了更有利的气候条件和优越的地利环境，其四要看军队的纪律是否严明，其五要看武器的装备情况，其六要看部队是否训练有素、具有战斗力，最后要看奖惩是否公平。

孙子是深刻认识并全面阐发这层道理的第一人，是他奠定了中国古代军事战略预测和决策思想的理论基础和操作要领。他认为，要对战争的胜负趋势做出正确的判断，关键的条件之一，是必须进行高明的军事预测，开展全面综合的战前战略运筹，考虑敌我双方的经济、政治状况，掌握双方军事实力的对比，同时还要顾及天时地利等因素。

总而言之，是要着眼于"道、天、地、将、法"诸条件，从而举重若轻，稳操胜券。

在战争中，利用七计取得胜利的例子比比皆是。春秋战国时，越王

孙子兵法

勾践听说吴国的宫殿金碧辉煌，从这表面的繁荣，他看到了吴王的荒淫无道、众叛亲离。于是发兵，一举灭吴。吴主无道，自取灭亡，可见，君主的贤明与否关系着一个国家的存亡。

另外，天时、地利、严明的纪律、优良的装备、善战的士兵、秉公无私的赏罚同样在战争中举足轻重。三国时的曹操非常强调论功行赏，他把每次作战得来的财物都赏给有功的将士，对于没有功劳的人从不滥加奖赏，所以麾下将士都争着建功立业。

公元207年，曹操打败袁绍之后，准备北伐乌桓和辽东，当时有将领反对。曹操坚持北伐，结果连遇阴雨，路途阻隔，粮草断乏，士兵疲惫，只好

杀马充饥。后遭遇敌军主力,情况危急,曹操冒险督战,方化险为夷,转败为胜。凯旋之时,曹操重赏了当初反对北伐的将领,认为此次冒险取胜只是侥幸,断不可再犯,这大大鼓励了部下献计献策的意愿与动力,最后终于称霸中原。

四、计利以听,乃为之势

计利以听①,乃为之势②,以佐其外③。势者,因利而制权④也。

注释

① 计利以听:计利,计谋有利。听,听从、采纳。

② 乃为之势:乃,于是、就的意思。为,创造、造就。之,虚词。势,态势。此句意为造成一种积极的军事态势。

③ 以佐其外:用来辅佐他对外的军事活动。佐,辅佐、辅助。

④ 因利而制权:因,根据、凭依。制,决定、采取之意。权,权变,灵活处置之意。意为根据利害关系采取灵活的对策。

解读

除了采纳有利的作战方略,还要设法造"势",形成一种积极的军事态势,以辅助战争的进行。所谓"势",是指根据有利于自己的条件,灵活机动,采取相应的对策。

孙子兵法

感悟

在战争中，有利的计策是取胜的关键，然而，计策不能单独发生作用，因为计策是隐蔽的，需要有相应的环境、条件才能充分发挥效力。因此，作战主体要根据战争需要，采取多种对策，以造就一种对我军有利的形势，使战争得以顺利进行。

隋末，李密与王世充交战，王世充找了一个长得很像李密的人，捆起来藏在军中，等到双方战斗到最激烈的时候，王世充命人带"李密"从阵前经过，并不断高呼活捉了"李密"，此举鼓舞了自己部队的士气，动摇了敌人的军心，使李密的军队大败而逃。

秦灭六国之时，秦始皇也是采用李斯、尉缭子之计，远交近攻，根据作战的需要，对其他国家进行分化拉拢政策，使六国各自为政，内部上下异心，首尾难顾。秦国用了十年时间，终于歼灭六国，建立了中国历史上第一个统一的封建王朝。

五、兵者，诡道也

兵者，诡道也[1]。故能而示之不能[2]，用而示之不用，近而示之远，远而示之近[3]。

注释

[1] 诡（guǐ）道也：诡诈之术。诡，欺诈、诡作。道，学说。

第一章 始计篇

"兵者，诡道也"，意为用兵打仗以无常轨为常规，以无定式为法则。

❷ 能而示之不能：能，有能力。示，显示。即言能战却装作不能战的样子。

❸ 近而示之远，远而示之近：近，近攻。远，远袭。敌以为我"近攻"，我示之"远袭"；敌以为我"远袭"，我示之"近攻"，声东击西，令敌失备，然后攻其无备而胜之。

解读

用兵打仗是一种诡诈之术。因此需要做到：能战却装作不能战，想攻却装作不想攻，想进攻近处却装作要进攻远处，要进攻远处却装作要进攻近处。

感悟

孙子全部作战之思维，是以"奇袭"为经，以"诡道"为纬交织而成。"奇和诡"的思想贯穿《孙子兵法》全文。历史的经验表明：兵需用诈，兵不厌诈。战争中，敌我双方为了掩盖各自的目的和企图，遂以各种假象迷惑敌人，诱骗对方，造成敌人的错觉，使之摸不清行动者的真实意图。

这是一种斗智的作战指导思想。在战争中，没有仁义、诚实可言，只要有利于战胜对方，可以不择手段。不识诈，势必将误入圈套；不用诈，则难以争取主动。

春秋时的要离个子虽然瘦小，却战无不胜。伍子胥向他请教，要离说要想战胜对方，先要向敌人显示出自己的不能，让敌人骄傲，再让自己漏

11

孙子兵法

洞百出,让敌人认为有机可乘,生出轻敌之心,等他放松自己的时候,再突然进攻,使之猝不及防。

可见,他深刻理解了孙子"诡道"的精髓。三国时的吕蒙,欲取荆州,时值关羽水淹七军,士气极盛,再加上关羽勇冠三军,强攻极难取胜。所以,吕蒙称病让年轻的陆逊代行元帅职责。而陆逊虽然年少,却是极富谋略的一个人,他假意上书请关羽关照,关羽也确实没瞧上这个乳臭未干的年轻将军,于是放松了对东吴的警戒,最终导致兵败麦城、一代名将被杀的悲惨结局。可见,在战争中,欲先胜人,应先示之以不胜,使敌人心骄志懈,而我则伺机乘隙,一举成功。

六、利而诱之，乱而取之

利而诱之❶，乱而取之❷，实而备之❸，强而避之❹，怒而挠之❺，卑而骄之❻，佚而劳之❼，亲而离之❽。

> 注释

❶利而诱之：利，此处作动词用，指贪利的意思。诱，引诱。意谓敌人贪利，则以利来引诱，伺机打击他。

❷乱而取之：乱，混乱。意为对处于混乱状态的敌人，要抓住时机予以进攻。

❸实而备之：实，实力雄厚。指对待实力雄厚的敌人须严加防备。

❹强而避之：面对强大的敌人，当避其锋芒，不可硬拼。

❺怒而挠（náo）之：怒，易怒而脾气暴躁。挠，挑逗、扰乱。意为如果敌人易怒，就设法激怒之，使之丧失理智，临阵做出错误的决策，导致失败。

❻卑而骄之：卑，小、怯。意为敌人卑怯谨慎，应设法使其骄傲自大，然后伺机破之。也有另一种解释，是说己方主动卑辞示弱，给人造成错觉令其骄矜。

❼佚（yì）而劳之：佚，同"逸"，安逸、自在。劳，作动词，使之疲劳。意为敌方安逸，就设法使它疲劳。

孙子兵法

❽ 亲而离之：亲，亲近、团结。离，离间、分化。此句意为如果敌人内部团结，则设计离间、分化他们。

解读

敌人贪利，则以小利来引诱他，伺机攻击他；对于处在混乱状态的敌人，要抓住时机攻取他；对于实力雄厚的敌人，则须严加防备；对于兵强卒锐的敌人，当避其锋芒；对于易怒的敌人，就通过挑逗的方式设法去激怒他们，使他们丧失理智；对于轻视我方的敌人，应设法使其更加骄傲自大；对于经过充分休整的敌人，要设法使之疲劳；对于内部团结的敌人，则要设计离间、分化他们。

感悟

孙子著名的"诡道十二法"，即兵不厌诈的方法。诡道，是一种欺骗行为，千变万化，因时因地因敌而异。

"能而示之不能，用而示之不用，近而示之远，远而示之近，利而诱之，乱而取之，实而备之，强而避之，怒而挠之，卑而骄之，佚而劳之，亲而离之。""诡道十二法"的前四种是隐蔽自己的方法，后八种是利用敌人的方法，这些方法被推崇为"兵家之胜"即克敌制胜的不二法门。

这些方法集中体现了孙子指导战争活动的主要原则。其中最为突出的可以理解为两点：一是"示形动敌"的战术运用；二是"量敌用兵"的机变原则。所谓"示形"，就是伪装和欺骗；所谓"动敌"，就是实施佯动，调动敌人。

"示形"是"动敌"的前提，而"动敌"则是"示形"的结果。成功的机变是"造势"的关键，其目的在于创造和利用敌人的过失和弱点，争取主动，形成优势的战场地位。由此可见，"示形动敌"是争取主动权的重要手段。

"诡道十二法"体现着"示形动敌"的基本精神，它强调巧妙隐蔽己方的真实意图，制造假象欺骗敌人，诱使敌人产生错觉，以致做出错误的决策，走上失败的道路，而我方则要充分利用有利的态势，乘隙蹈虚，出奇制胜。

至于"量敌用兵"的机变原则，"诡道十二法"也有透彻的揭示，其核心意义乃是根据战场形势，实施灵活机动的指挥，因敌变化，随机处置，能打则打，不能打则不打，不战则已，战则必胜，如被动则摆脱之，主动则加强之，将自己所拥有的全部军事潜能，淋漓尽致地发挥出来，牢牢立于不败之地。

无论是"示形动敌"，还是"量敌用兵"，其根本目的都是为了发挥主观能动作用，夺取战争主动权，做到"致人而不致于人"，始终牵着敌人的鼻子走，使我为刀俎，敌为鱼肉。这就是孙子"诡道十二法"的上乘境界，也是孙子整个兵学体系的主要价值。

"诡道十二法"说通俗一点，就是在敌人贪利、混乱、失去理智的时候，要懂得抓住时机，乘虚而入；对于强大的敌人，就要加强防备，避开他们的优势，千方百计使他们骄傲、懈怠，并让他们焦躁、疲惫，从而变优势为劣势，以利我军行动。

总而言之，正如《唐太宗李卫公问对》中所说："千章万句，不出乎诡之一句而已。"古今中外，战争的诡道事实不胜枚举。曹操"横槊赋诗"，却有赤壁之辱；苻坚"投鞭断流"，却有淝水之败；刘邦英雄一世，也有白登之围。无数历史的事实印证了孙子言论的正确性。

七、攻其无备，出其不意

攻其无备❶，出其不意❷，此兵家之胜❸，不可先传也❹。

注释

❶备：防备、准备。
❷意：考虑、预料。
❸胜：奥妙。
❹不可先传（chuán）也：先，预先、事先。传，传授、规定。

解读

要在敌人没有准备的状态下实施攻击，在敌人意想不到时采取行动，这是军事家指挥作战的奥妙所在，是要根据具体情况临机做出决断，不能事先予以规定。

感悟

"攻其无备，出其不意"已是千古传诵的至理名言。历史上的许多战争都是在对手失去戒备或在其料想不到的时间、地点，果断地采取行动，突施袭击，使敌人判断错误、计划错误、行动错误，最终被杀个措手不及，以致兵败连连。"攻其无备，出其不意"可以说是孙子"诡道"谋略最重要的宗旨，也是兵家出奇制胜的奥妙所在。东汉末年，群雄纷争，孙策趁机举兵江东。在建安元年（公元196年）八月，孙策率兵攻取会稽郡。但会稽郡太守王朗据守固陵，抗击孙策，使孙策多次从水路进攻都未能成功。

后来孙策采纳了孙静的建议，放弃正面进攻，采取"攻其无备，出其不意"的战术，于夜间在多处点起烟火，布下疑兵，以迷惑王朗。而孙策则率兵突袭高迁屯，王朗大惊，忙派丹阳太守周昕迎战。周昕战败，王朗乘船逃跑，孙策大军乘胜追击，王朗的军队被迫投降，孙策便占据了会稽郡。"攻其无备，出其不意"的战术之所以屡试不爽，其原因就是个"奇"字，即捕捉对方的思想弱点，利用对方的思维惯性，抓住对方防备的"死角"，反常用兵，出奇制胜。

八、夫未战而庙算胜者

夫未战而庙算[1]胜者，得算多也[2]；未战而庙算不胜者，得算少也。多算胜[3]，少算不胜，而况于无算乎？吾以此观之，胜负见矣。

注释

❶庙算：古代兴师开战之前，通常要在庙堂里商议谋划，分析战争的利害得失，制定作战方略。此一做准备的程序，就叫作"庙算"。

❷得算多也：意为取得胜利的条件充分、居多。算，计数用的

孙子兵法

筹码。此处引申为取得胜利的条件。

❸ 多算胜,少算不胜,而况于无算乎:胜利条件具备多者可以获胜,反之,则无法取胜,更何况未曾具备任何取胜条件!而况,何况。于,至于。

解读

开战之前就预计能够取胜的,是因为筹划周密,胜利条件充分;开战之前就预计不能取胜的,是因为筹划不周,胜利条件缺乏。筹划周密、条件具备就能取胜,筹划不周、条件缺乏就不能取胜,更何况不做筹划,且毫无条件呢?我根据这些来观察,不用实战,胜负就显而易见了。

感悟

用兵之道,谋划在先,需要通过"五事""七计"测算交战双方的优劣,对于敌之强弱、将之贤愚、兵之多寡、地之险易进行认真的比较分析。总之,从古至今,无数的战争证明,在开战之前,如果计算周密,取胜的条件多,然后出兵,就会取得胜利;若是策划不周密,取胜条件不充足,就必然招致失败。

魏正始十年(公元249年),司马懿发动兵变。姜维乘机伐魏。魏将陈泰认为:"姜维让句安、李歆所守的曲山东西城,虽然坚固,但远离蜀地,孤立无援,我们只要将其包围,断其粮草,绝其水源,便可兵不血刃而拔其城,使其屈服。"

郭淮用其计,在姜维过了牛头山后,前由陈泰围堵,后由郭淮截断其归路,前后夹击,使姜维首尾难顾,最后只好退兵,句安等人等不到援兵,不得不投降。

第二章　作战篇

　　本章从战争对人力、物力、财力等物质条件的依赖关系出发，指出了旷日持久的战争对国家造成的危害，论述速战速胜的重要性。因为出兵打仗要耗损国家大量的人力、物力、财力，拖久了会使军队疲惫、锐气挫伤、财力枯竭，别的诸侯国更会乘机进攻。所以大凡用兵作战，先发制人贵速，主动攻击贵速，利用战机贵速。在战略持久的外线作战中，进行战役进攻的外线作战，也贵在速战速决。用兵作战贵在迅雷不及掩耳，疾电不及瞬目。长久暴师于坚城之下，必然钝兵挫折；只有速战速决，方能势如破竹。所以"兵贵拙速，不尚巧迟，速者乘机，迟者生变"。

　　所以从速胜的观点出发，孙武反对以当时简陋的作战武器去攻克坚固的城寨，也反对在国内一再征集兵员和调运军用物资，而主张在敌国就地解决粮草，主张用财货厚赏士兵，主张优待俘虏，主张用缴获的物资来补充壮大自己。他认为只有这样做，才能保持自己的实力，迅速克敌制胜。

　　孙武根据当时战争的实际情况，特别是交通运输、财力物力等条件限制，提出了"役不再籍，粮不三载"的具体要求，是符合当时社会生产力水平要求的，也是孙武以朴素唯物主义观点研究战争的一种表现。

孙子兵法

一、不知用兵之害者

孙子曰：凡用兵之法，驰车千驷❶，革车千乘❷，带甲❸十万，千里馈粮❹，则内外之费，宾客之用❺，胶漆之材❻，车甲之奉❼，日费千金，然后十万之师举矣。

其用战也胜，久则钝兵挫锐❽，攻城则力屈❾，久暴师则国用不足❿。夫钝兵挫锐，屈力殚货⓫，则诸侯乘其弊而起⓬，虽有智者⓭，不能善其后矣！故兵闻拙速，未睹巧之久也⓮。夫兵久而国利者，未之有也⓯。故不尽知⓰用兵之害者，则不能尽知用兵之利也。

注释

❶ 驰车千驷（sì）：套四匹马的轻型战车一千辆。驷，原指一车套四匹马，这里作为量词。

❷ 革车千乘（shèng）：运输辎重的车辆一千辆。革车，指载运粮秣、军械、装具等的辎重兵车。乘，辆。

❸ 带甲：穿戴盔甲的士兵，这里泛指军队。

❹ 馈（kuì）粮：运送粮食。馈，馈送，供应。

❺ 宾客之用：指与各诸侯国使节往来的费用。

❻ 胶漆之材：泛指维修作战器械所需的各种物资。胶漆，是制作、保养弓矢器械的物资。

第二章　作战篇

⑦ 车甲之奉：指武器缺备的保养补充。

⑧ 久则钝兵挫锐：意谓用兵旷日持久就会造成军队疲惫，锐气挫伤。钝，意为不锋利，疲惫、困乏的意思。挫，挫伤。锐，锐气。

⑨ 力屈：力量耗尽。屈，竭尽、穷尽。

⑩ 久暴（pù）师则国用不足：长久陈师于外就会给国家经济造成困难。暴：同"曝"，露在日光下，文中指在外作战。国用，国家的开支。

⑪ 屈力殚（dān）货：殚，枯竭。货，财货，此处指经济。此为力量耗尽、经济枯竭。

⑫ 诸侯乘其弊而起：其他诸侯国便会利用这种危机前来进攻。弊，疲困，此处作危机解。

⑬ 虽有智者，不能善其后矣：意为即使有智慧超群的人，也将无法挽回既成的败局。后，后事，此处指败局。

⑭ 兵闻拙速，未睹巧之久也：拙，笨拙。速，迅速取胜。巧，工巧、巧妙。此句意为用兵打仗只听过宁可指挥笨拙而求速胜，而没见过为求指挥巧妙而使战争长期拖延的。

⑮ 夫兵久而国利者，未之有也：长期用兵而有利于国家的情况，从未曾有过。

⑯ 不尽知：不完全了解。

解读

孙子说：要兴兵作战，需做的物资准备有，战车千辆，辎重车千辆，全副武装的士兵十万，并向千里之外运送粮食。那么前后方的军内外开

孙子兵法

支，招待使节、策士的用度，用于武器维修的胶漆等材料费用，保养战车、甲胄的支出等，每天要消耗千金。按照这样的标准准备之后，十万大军才可出发上战场。

用这样大规模的军队作战，就要求速胜。旷日持久会使军队疲惫，锐气受挫。攻打城池，会使得兵力耗竭。军队长期在外作战，会使国家财力不继。如果军队疲惫、锐气挫伤、实力耗尽、国家经济枯竭，那么诸侯列国就会乘此危机发兵进攻，那时候即使有足智多谋的人，也无法挽回颓势了。所以，在军事上，只听说过指挥虽拙但求速胜的情况，而没有见过为讲究指挥技巧而追求旷日持久的现象。战事久拖不决而对国家有利的情形，从来不曾有过。所以不完全了解用兵弊端的人，也就无法真正理解用兵的益处。

感悟

在战争中，古今中外的军事家都强调"兵贵神速""速战速决"的作战原理。拿破仑曾说过这样一句话："我也许会失去一场战斗，但我绝不会失去一分钟。"特别是进攻作战，军需消耗巨大，运输任务艰难，久战不下必然造成"国用不足""屈力殚货"。

劳民伤财、国库空虚的局面将加重国家的经济负担，如果拖久了必然会导致"钝兵挫锐"，军心涣散，予人可乘之机。那时，"诸侯乘其弊而起"，将使自己四面受敌，从而陷入困顿。

战国时，齐湣王连年征战，导致国力衰弱，由胜转败，让人深省。公元前301年，恃强好战的齐湣王联合秦、韩、魏攻楚，占领垂沙；公元前298年，齐又联韩、魏攻秦，拔函谷关；公元前287年，齐再次联合赵、韩、魏、楚共同攻秦，使秦废帝号；公元前286年，齐败秦灭宋又侵楚。

第二章 作战篇

连年征战,使齐国钝兵挫锐,国力日衰,兵弱将寡,将士离心。这时,燕昭王采取了乐毅的建议,统率燕、秦、楚、韩、赵、魏的军队一起攻齐,一举而拔城70余座。

二、取用于国,因粮于敌

善用兵者,役不再籍❶,粮不三载❷,取用于国❸,因粮于敌❹,故军食可足也。国之贫于师者远输❺,远输则百姓贫。近于师者贵卖❻,贵卖

孙子兵法

则百姓财竭，财竭则急于丘役[7]。力屈、财殚，中原内虚于家[8]。百姓之费，十去其七；公家之费，破车罢马[9]，甲胄矢弩[10]，戟楯蔽橹[11]，丘牛大车，十去其六。

注释

[1] 役不再籍（jí）：役，兵役。籍，本义为名册，此处作动词用，即登记、征集。再，二次。意即不二次从国内征集兵员。

[2] 粮不三载：三，多次。载，运送。即不多次从本国运送军粮。

[3] 取用于国：指武器装备等从国内取用。

[4] 因粮于敌：因，依靠、凭借。粮草给养优先在敌国就地解决。

[5] 国之贫于师者远输：之，虚词，无实义。师，指军队。远输，远道运输。此句意为国家之所以因用兵而导致贫困，是由于军粮的远道运输。

[6] 近于师者贵卖：近，临。贵卖，指物价飞涨，意为临军队驻扎点地区的物价会飞涨。

[7] 急于丘（qiū）役：急，在这里有加重之义。丘役，军赋，古代按丘为单位征集军赋。

[8] 中原内虚于家：中原，此处指国内。句义为国内百姓之家因远道运输而变得贫困，国家空虚。

[9] 破车罢（pí）马：破车，马车损坏。罢马，"罢"同"疲"，战马疲敝。

第二章　作战篇

⑩ 甲胄（zhòu）矢弩（nǔ）：甲，铠甲。胄，头盔。矢，箭。弩，弓弩，一种用弩机发射箭矢的武器。

⑪ 戟楯蔽橹（jǐ dùn bì lǔ）：泛指各种攻防兵器。"楯"同"盾"。蔽橹，即大盾牌，指战车上的防护器械。

解读

善于用兵打仗的人，兵员不再次征集，粮草不多次运送。武器装备由国内提供，粮食给养在敌国补充，这样，军队的粮草供给就充足了。

国家之所以因用兵而导致贫困，就是由于远道运输，远道运输会使百姓陷于贫困。临近驻军的地区物价必定飞涨，物价飞涨，就会使得百姓之财富枯竭。公家财富枯竭，国家就急于增加赋役。如此一来，国内便家家空虚。百姓私家财产损耗十分之七。公家的财产，由于车辆破损，马匹疲惫，盔甲、弓箭、矛戟、盾牌、牛车的损失，而耗去十分之六。

感悟

孙子在这里论述了军事后勤的问题，提出"因粮于敌"的军事思想。"兵马未动，粮草先行"，在古代战争中，最主要的消耗即在粮草的供应上，对此，孙子明确指出"国之贫于师者运输，远输则百姓贫"。

在当时交通运输十分落后的情况下，远道运输不仅劳民伤财，致使兵饥民疲，还会加重国家的经济负担，使"中原内虚于家"，而且运输线也常常成为敌人攻击的目标，一旦粮道被敌人断绝，士卒将会困于虎口。

基于这种情况，孙子提出"因粮于敌"的主张。在古代，"因粮于敌"的思想一直是指导作战的原则，这反映了孙子取之于敌、用之于战的战略思想。

| 孙子兵法

刘邦攻昌邑而取陈留，正是利用了此一战略原则，公元前208年闰九月，刘邦率军西进，因粮食不济，攻昌邑未克，移军高阳。

郦食其建议刘邦发兵取陈留，因为陈留是交通要道，有金可依，有粮可用，有兵可招，进可战、退可守。刘邦采取他的建议，里应外合，一举攻下陈留，解决了后勤供应的问题。后来刘邦迅速地攻克咸阳，子婴请降，秦亡。

三、智将务食于敌

故智将务食于敌❶。食敌一钟❷，当吾二十钟；萁秆一石❸，当吾二十石。

注释

❶智将务食于敌：智将，明智的将领。务，务求、力图。意为明智的将帅总是务求就食于敌国。

❷钟：古代的容量单位，每钟为6斛4斗。

❸萁秆一石（dàn）：萁秆，泛指马及其他中等牲畜的饲料。石，古代的容量单位，30斤为钧，4钧为1石。

解读

所以，明智的将帅总是务求在敌国解决粮草的供给问题。因为消耗敌国的1钟粮草，等同于从本国运送20钟；耗费敌国的1石草料，相当于从本国运送20石。

> **感悟**

古代军队的粮草运输，往往耗资巨大，而且还必须派兵保护粮道，这不仅给国家造成巨大的经济负担，而且还分散作战精力。因此，历代的军事家都注重从敌国获取粮食。

这样的做法，不仅有助于减轻本国沉重的负担，免除运输的压力，而且能在一定程度上削弱敌国的实力，并有较高的效益保障。"食敌一钟，当吾二十钟；萁秆一石，当吾二十石"表明了孙子认为"取敌之利"，可以达到"胜敌而愈强"的效果。

三国时代的诸葛亮，六出祁山，北伐曹魏，为解决运输问题煞费心机，即使木牛流马，似乎也不能有效地解决运输困难，为此，他不得不采取孙子"食于敌"的以战养战策略。

公元231年春二月，诸葛亮五出祁山，他命先头部队过剑阁、出陈仓，狡猾的司马懿料定孔明此举将"割陇西小麦，以资军粮"，于是率军至天水诸郡护粮。司马懿依险坚守要害，蜀军由于缺少军粮，不得不兵退汉中。

四、故杀敌者，怒也

故杀敌者，怒也❶；取敌之利者，货也❷。故车战，得车十乘已上❸，赏其先得者，而更其旌旗❹，车杂而乘之❺，卒善而养之❻，是谓胜敌而益强❼。

孙子兵法

注释

❶ 杀敌者，怒也：怒，动词用法，这里指激励士气。意为军队英勇杀敌，关键在于激励部队的士气。

❷ 取敌之利者，货也：利，财物。货，财货，此处指用财货奖赏的意思。句意为若要使军队勇于夺取敌人的财物，就要先依靠财货奖赏。

❸ 已上：已，同"以"，"已上"即"以上"。

❹ 更其旌（jīng）旗：更，更换。此句意为在掳获的敌方车辆上更换上我军的旗帜。

❺ 车杂而乘之：杂，掺杂、混合。乘，驾、使用。意为将缴获的敌方战车和我方车辆掺杂在一起，用于作战。

❻ 卒善而养之：卒，俘虏、降卒。意为善待被俘的敌军士兵，使之为己所用。

❼ 是谓胜敌而益强：这就是说在战胜敌人的同时使自己更加强大。

解读

要使军队英勇杀敌，就应激发士兵同仇敌忾的士气；要想夺取敌人的军需物资，就必须借助物质奖励。所以，在车战中，凡是缴获战车十辆以上的，就奖赏最先夺得战车的人，并且换上我军的旗帜，混合编入自己的战车行列。对于敌俘，要善待和保证供给。这就是说愈是战胜敌人，自己也就愈加强大。

感悟

孙子在此提出了用"怒"和"货"激发士兵在战斗中勇敢作战，缴获敌人物资的手段。高明的将领不仅善于激发部队对敌人的仇恨,使大家同仇敌忾,在战场上勇往直前,而且善于利用敌军物资,奖赏立功者,以激发斗志,提高战斗力。

同时,孙子还主张善待俘虏,对他们要"善而养之",不仅以精神感召来消除他们的思归心理,有效地瓦解敌方的斗志,还可借俘兵来壮大自身力量,达到"胜敌而益强"的效果。

春秋战国时,田单复国就是很好的一例。周赧王三十一年,即公元前284年,燕王以乐毅为将,率六国联军伐齐,拔城70余座,还攻占了齐国的首都临淄,齐仅剩即墨和莒两城,情势危急。田单故意扬言,齐国士兵最怕割鼻子、挖祖坟。燕国军士中计,便割被俘齐兵的鼻子,掘其先人

祖坟。

为此，齐国军民个个义愤填膺，纷纷要求决一死战，报仇雪耻。田单见时机成熟，用火牛阵，大败燕军，收复全部失地。秦末时，刘邦亦用此良计，用重金利诱收买关口守将，使之为己所用，结果轻取咸阳。

五、兵贵胜，不贵久

故兵贵胜[1]，不贵久[2]。

注释

[1] 兵贵胜：贵，重在、贵在。用兵贵在速战速决。
[2] 不贵久：久，长久。指打仗不宜时间过长。

解读

因此，用兵打仗贵在速战速决，而不宜旷日持久。

感悟

战争中，时间是胜利的保证，在开篇孙子就旷日持久的战争对国家和民众造成的危害进行了详细的论述，因此提出进攻作战应该速战速决，宁可"拙速"，不可"巧久"。

春秋时期，列国长期争霸兼并，战争耗费大量资财，在此情势之下，持久不决是用兵之害，所以善战者应采用"速战速决"的军事策略，尽量保存国力军力，在长期抗争之中取得最后胜利。这种速战速决的作战原则，在现代战争中仍有借鉴意义。速战能使我方拥有初战的锐势和主导战争之优势，从而占据先机，而敌方由于要仓促应战，常常措手不及，这样有利于我方达到作战的目的。

六、故知兵之将

故知兵之将❶，民之司命❷，国家安危之主❸也。

注释

❶知兵之将：知，认识、了解。指深刻理解用兵之法的优秀将帅。

❷民之司命：民，泛指一般人民。司命，传说主宰生死之神，此处引申为命运的主宰。

❸国家安危之主：国家安危存亡的主宰者。主，主宰的意思。

解读

所以说，懂得用兵之道的将帅，是人民生死的掌握者，是国家安危存亡的主宰。

感悟

将帅是一切军事活动的中枢，无论是军队的管理，还是部署作战，将帅都占有举足轻重的地位。行军打仗是决定国家兴衰存亡最为关键的活动,这关系到人民的生死,以及国家的存亡与否,可见将帅责任之重大。

一个优秀的将帅不仅要严格治军,还要周密谋划,以求用最小的代价取得最大的胜利。而一个不懂用兵之法的将帅将会对国家造成不可估量的损失,所谓"置将不善,一败涂地",甚至导致国破家亡。因此,在《孙子兵法》中多次提到了任用良将的重要性。

宋朝时,范仲淹与韩琦同任陕西经略副使。仁宗康定二年,即1041年,西夏犯境。韩琦主张讨平西夏,范仲淹认为应当注重农桑,减轻徭役,整顿武备以加强防范,但不可贸然举兵。韩琦贪功急进,导致好水川之败,损兵折将,阵亡家属哭声震野。

范仲淹则积极发展生产、整顿武备、养精蓄锐,被称为"胸中自有十万甲兵,不战而降西夏",可见知兵之将的确关系重大,国家应"知人善用"。

刘邦在起兵时,不过是一个亭长,又没有多高的政治军事才能,但他头脑灵活,善于使用人才,在秦末起义的诸军中,不仅能首先攻下咸阳,最后还消灭了比自己强大得多的项羽,建立了汉朝。

刘邦得胜以后,曾在洛阳南宫大宴群臣。刘邦问:"我为什么能得天下,项羽为什么会失天下?"

高起、王陵回答说:"陛下能赏赐功臣,项羽妒贤嫉能,有功不赏。"

刘邦说:"你们只知其一,不知其二。运筹帷幄之中,决胜千里之外,我不如张良;抚百姓,供应粮饷,我不如萧何;指挥三军,战必胜,攻必取,我不如韩信。这三个人,都是人杰,我能恰当使用,所以能取天下。项羽有一范增而不能用,所以为我所败。"大家认为刘邦说得很有道理。

春秋时的郑国大夫子产就是一个选择贤能的好官。他选用的官吏里，冯简子能够决断国家大事；子太叔貌美俊秀而有文采；子羽能够知道四周邻国诸侯的行动，还能辨别它们大夫的种族姓氏、官职高低、尊贵卑贱、贤愚与否，并且还善于做外交辞令；裨谌善于谋划计略，有韬略。

每当郑国要有诸侯之间的外交事宜的时候，子产便向子羽询问四周邻国的情况，并且让他跟他们交际应酬。之后便与裨谌驾车来到野外，让他看谋划计略是否可行。等到回去再告诉冯简子，让他来做出决断。如果决定这件事可行，子产就会把任务分配给子太叔让他去执行命令，来对付各诸侯派来的贵客。由于子产知人善用，因此执政期间很少有失职的事情发生。

所以说，善用人才很重要，而不善用人才就可能招致失败的严重后果。东汉末，袁绍、曹操在官渡对峙时，袁绍的实力比曹操雄厚数倍。文有田丰、沮授这样很有智谋的人，武有张郃、高览这样的虎将，袁绍都不能恰当使用。

当时，袁绍部下对如何进攻曹操意见有分歧，沮授的意见与郭图和审配的完全相反，沮授建议以逸待劳，采取持久战，而郭图、审配则主张速战速决。袁绍自恃地广兵强、粮食充足，根本听不进沮授的忠告。

郭图等人又在背后进谗言说："沮授监统内外兵众，威震三军，倘若他的势力逐渐加强，怎么控制得了！臣下服从主人才能昌盛，主上服从臣下就会灭亡，这是黄石公在《三略》中所告诫的。统兵在外的将领，不宜让他参知内政。"因此，袁绍把沮授统领的军队分成三部，其中两部分别交给郭图和另外一个将领。

就这样，袁绍不听沮授等人的正确意见，却信用审配、郭图等人的错

孙子兵法

误建议。甚至在后来的交战中，曹操粮尽的情报被谋士许攸获取，许攸向袁绍献计袭许昌，袁绍不仅不听，反而疑他是曹操的奸细。导致许攸一气之下投向曹营，张郃、高览也被曹操招降。不能知人善任的结果是，袁绍最后兵败身亡。

其实，曹操在交战之时也曾想过放弃，他写信给许都的谋士荀彧。但荀彧却告诫曹操："在战争双方都疲惫不堪时，谁后退谁被动，谁放弃谁灭亡。战机就在这时出现。"最后帮助曹操寻回信心，直到转机出现。

曹操能接纳能人之言，取得最终的胜利，这全在于深通用人之道。

第三章　谋攻篇

　　本篇论述用计谋征服敌人的问题。孙武认为"不战而屈人之兵"是"善中之善者","全国""全军""全旅""全卒""全伍"地强迫敌人屈服投降是最理想的作战方案,"破国""破军""破旅""破卒""破伍"地用武力击破敌人则次一等,是"非善之善者"。

　　怎样才能做到"不战而屈人之兵"呢?孙武认为上策是"伐谋",其次是"伐交",再次是"伐兵",即主张通过政治攻势、外交手段和武装力量来征服敌人。

　　"伐谋",指以己方之谋略挫败敌方,不战而屈人之兵。孙武认为伐谋是最好的战争手段。伐谋的实质是指敌人正在或即将要施行其谋划时,能窥破其谋,揭穿其谋,破坏其谋,借以实现己方的政治目的。

　　在与敌人作战时,如果敌强我弱,应该集中优势兵力战胜敌人,做到"十则围之,五则攻之,倍则分之,敌则能战之,少则能逃之,不若则能避之"。此外,孙武在此篇中还提出了"知彼知己,百战不殆"的光辉思想,认为谋略必须建立在了解敌我双方情况的基础上。

孙子兵法

一、不战而屈人之兵

孙子曰：凡用兵之法，全国为上，破国次之❶；全军为上，破军次之；全旅为上，破旅次之；全卒为上，破卒次之；全伍为上，破伍次之❷。是故百战百胜，非善之善者也❸；不战而屈人之兵❹，善之善者也。

> 注释

❶ 全国为上，破国次之：全，完整。国，春秋时主要指都城，或包括外城及周围的地区。破，攻破、击破。意谓以实力为后盾，迫使敌方城邑完整地降服为上策，而通过战争交锋，攻破敌方城邑则稍差一些。

❷ 全军为上……破伍次之：这里以五组排比句说明"全为上、破为次"，是要强调大至一国小至一伍，谋划攻战的策略都要择优汰劣，即选择全胜策略，以全胜原则为一切战略的最高原则。军、旅、卒、伍，都是春秋时军队编制单位。1.25万人为军，500人为旅，100人为卒，5人为伍。

❸ 非善之善者也：不是好中最好的。

❹ 不战而屈人之兵，善之善者也：不战，不运用武力。屈，屈服、降服。此句意为不动用武力便使敌人屈服，这是高明中最高明的。

第三章 谋攻篇

解读

孙子说：一般的战争指导法则是，使敌人举国降服为上策，而击破敌国就略逊一筹；使敌人全军完整地降服为上策，而击溃敌人的军队就略逊一筹；使敌人全旅完整地降服为上策，而用武力击垮它就逊一筹；使敌人全卒完整地降服是上策，用武力打垮它就次一等；使敌人全伍降服是上策，用武力击溃它就次一等。

因此，百战百胜，并不是高明中最高明的；不经交战而能使敌人屈服，这才算是最高明的。

感悟

孙子在这里提出了全胜论的战略思想，即"不战而屈人之兵"。军事斗争的最终目的是为了安国及保民，但战争必然要付出许多财物与性命等沉重代价，即使百战百胜，终究也是一将功成万骨枯。

因此，孙子提出了"百战百胜，非善之善者也；不战而屈人之兵，善之善者也"的主张。他认为大至敌国、敌军，小至敌之卒、伍，都能不战而使其屈服。

历代战争中许多谋臣良将，都是将主要的心力放在战场之外，主张以谋略取胜，以武力威胁和政策攻心相结合，或施以恩信，或晓以大义，或说以利害，或以敌制敌，或大张声威，或大军压境，或断其归路，或绝其粮草，这些都是不战而屈人之兵、求全求胜的光辉战例。

烛之武退秦师，就是利用敌方盟国内部利益的矛盾，分化瓦解对方，拆散其联盟达到屈人之兵、不战而胜的目的。秦穆公三十年（公元前630年），晋秦伐郑。郑国使者烛之武对秦穆公说：郑亡对秦不利，一是帮助

孙子兵法

晋扩大了地盘,增加了实力;二是秦对晋有恩,晋却有恩不报,食言自肥,筑城以秦为患;三是晋贪得无厌,亡郑后必伐秦。一番话,秦郑化敌为友,缔结盟约,晋也只好罢兵。

二、上兵伐谋,其次伐交

故上兵伐谋❶,其次伐交❷,其次伐兵❸,其下攻城。攻城之法❹,为不得已❺。修橹轒辒❻,具器械,三月而后成,距堙❼,又三月而后已。将不胜其忿而蚁附之❽,杀士三分之一,而城不拔者,此攻之灾也。

注释

❶ 上兵伐谋：上兵，上乘用兵之法。伐，进攻、攻打。谋，谋略。伐谋，以谋略克敌制胜。此句意为用兵的最高境界是用谋略战胜敌人。

❷ 其次伐交：交，交合，此处指外交。伐交，即进行外交斗争以争取主动。当时的外交斗争，主要表现为运用外交手段瓦解敌国的联盟，扩大、巩固自己的盟国，孤立敌人，迫使其屈服。

❸ 伐兵：通过军队间交锋一决胜负。兵，军队。

❹ 攻城之法：法，办法、做法。攻城的办法。

❺ 为不得已：指出于无奈而为之。

❻ 修橹轒辒（fén wēn）：橹，楼车。古代军中用以登高侦看敌军的高台，这里指配有在楼橹的巢车。轒辒，古代攻城用的四轮兵车，用排木制作，外蒙牛皮，可容纳10人，用以运土填塞战壕。

❼ 堙（yīn）：用以攻城而堆积的土山。

❽ 将不胜其忿而蚁附之：指将领难以抑制焦躁情绪，命令士兵像蚂蚁一样爬梯攻城。蚁附之，指大量士兵像蚂蚁一样爬梯攻城。附，附着。

解读

所以，用兵的上策是用谋略战胜敌人，其次是挫败敌人的外交联盟，再次就是直接与敌人交战，击败敌人的军队，下策就是攻打敌人的城池。选择攻城的做法出于不得已。制造大盾牌和四轮车，准备攻城的所有器具，起码得三个月。堆筑攻城的土山，起码又得三个月。如果将领难以抑

孙子兵法

制焦躁情绪，命令士兵像蚂蚁一样爬梯攻城，尽管士兵死伤三分之一，而城池却依然没有攻下，这就是攻城带来的灾难。

感悟

在血与火的决斗中，智慧之花常能结出胜利之果。孙子在这里提出了以谋制敌、夺取全胜的战略思想。通过战争让敌人屈服有"智胜"和"力胜"两种方式，相应就有"全胜"和"破胜"两种结局。

"智胜"对方，我方付出的代价不大，有助于保存实力；"力胜"，我方付出的代价大，各种损失不可避免；"智胜"能安国、保民，"力胜"将造成国弊兵疲的局面。因此，孙子主张用谋略来制胜，通过"力"与"智"的完美结合，力争不战而屈人之兵。

历史上，田忌与齐威王赛马，每次必输，他总是以上马对上马、中马对中马、下马对下马，所以屡战屡败。孙膑教他以下马对上马、以上马对中马、以中马对下马，就可以三局两胜，赢得全局，田忌按孙膑指点，果然赢了齐威王。马还是那些马，顺序一变，胜负迥异，可见"谋"的重要。

孙子"上兵伐谋"的策略在市场竞争中同样重要。商战既是经济实力的对抗，更是智慧的较量。通过"伐谋"而获得成功，通过计略而战胜对手，既可保存实力，又能占领市场，这才是上策。

三、屈人之兵而非战

故善用兵者，屈人之兵而非战也❶，拔人之城而非攻也❷，毁人之国而非久也③。必以全争于天下④，故兵不顿，而利可全⑤，此谋攻之法也⑥。

注释

❶ 屈人之兵而非战也：屈，使人屈服。非战，不使用武力。意思是使人屈服而不是运用武力。

❷ 拔人之城而非攻也：拔，夺取。非攻，不用攻打。意思是夺取他国的城池而不是依靠强攻。

❸ 毁人之国而非久也：非久，不是旷日持久。指灭亡敌人之国无须旷日持久。

❹ 必以全争于天下：全，即上言"全国""全军""全旅""全卒""全伍"之"全"。此句意为一定要根据全胜的战略战胜于天下。

❺ 故兵不顿，而利可全：兵不顿，兵刃不缺。即自己的兵力武器都不受损失。利可全，获得完全的胜利。意思是以尽量少的损失换取了最大的战果。

❻ 此谋攻之法也：这就是以谋略胜敌的最高标准。法，标准、准则。

解读

所以，善于用兵的人，使敌人屈服不是靠交战，攻占敌人的城池也不是靠强攻，毁灭敌人的国家更不是靠久战。一定要用全胜的战略争胜天下，这样才不使自己的军队疲惫受挫，又能取得圆满、全面的胜利，这就是以谋略胜敌的标准。

孙子兵法

感悟

俗话说:"杀敌三千,自伤八百。"可见战争双方在正面交锋中不可避免地会有不同程度的伤亡,作为指挥者,应站在求全、求胜的角度,发挥计谋的作用,充分利用战机的创造、兵力的部署、战术的运用、目标的选择等,以智取胜而非以武力硬拼。

秦穆公三十三年,即公元前627年,秦穆公任命孟明视为大将准备突袭郑国。牛贩子弦高听说这件事后,一方面马上派人到郑国去报信,一方面扮作郑国国君的使臣,挑选了20头肥牛去慰劳秦军,说:"我们的国君听说三位将军率部队前来,特意准备了一点薄礼,派我来此迎接慰劳你们。因为我国身处强国之间,所以随时厉兵秣马,枕戈待旦,你们见了不要介意。"

孟明视听罢,大吃一惊,想自己军队劳师远袭,本想攻其不备,不想郑国早有准备,于是撤军回国,向秦穆公交差了。

一般而言,在敌对斗争中,克敌制胜的方式无非分为强攻和智取两种。如果强攻硬拼,势必造成人员伤亡,资财损耗,实力削弱。若能从敌人的薄弱之处进行突破,以最小的代价取得最大的效益,甚至不发一枪一弹,不费一兵一卒,施谋用计智胜于敌,才是用兵作战的最佳策略。

"屈人之兵而非战,拔人之城而非攻",体现了"上兵伐谋"的思想。当时要想"屈人之兵而非战,拔人之城而非攻",并非不要武力,而是要以强大的武力为后盾;并非不要硬打,而是要以拼命的硬打为准备,只有以强大的武力为后盾、拼命的硬打为准备,才能更好地运用"屈人之兵而非战"的谋略。如果不以强大的武力为后盾、拼命的硬打为准备,这个谋略是不能奏效的。

四、用兵之法，十则围之

故用兵之法，十则围之❶，五则攻之，倍则分之❷，敌则能战之❸，少则能逃之❹，不若则能避之❺。故小敌之坚❻，大敌之擒也。

> 注释

❶十则围之：兵力十倍于敌就包围敌人。十，就是十倍于敌人的兵力。围之，包围他们。

❷倍则分之：倍，加倍。分，分散。有两倍于敌人的兵力，就设法分散敌人，造成局部上的更大优势。

❸敌则能战之：敌，指兵力相等、势均力敌。能，乃也，则的意思，此处与则合用，以加重语气。此句意为如果敌我力量相当，则当敢于抗击、对峙。

❹少则能逃之：少，兵力少。逃，逃跑躲避。

❺不若则能避之：不若，不如。指实际力量不如敌人，就要设法避其锋芒。

❻小敌之坚，大敌之擒也：小敌，弱小的军队。之，助词。坚，坚定、强硬，此处指固守硬拼。大敌，强大的敌军。擒，捉拿，此处指俘虏。此句意为弱小的部队如果坚持硬拼，就会被强大的敌人所俘虏。

孙子兵法

解读

因此用兵的原则是，拥有十倍于敌的兵力就包围敌人，拥有五倍于敌的兵力就进攻敌人，拥有两倍于敌的兵力就设法分散敌人，兵力相等就要努力抗击敌人，兵力少于敌人就要退却，兵力弱于敌人就要避免决战。所以，弱小的军队如果一味坚持硬拼，就势必成为强大敌人的俘虏。

感悟

孙子在这里论述了根据敌我力量的强弱而采取不同的战术，审己察敌，量力用兵，以争取最大的胜利而避免自己遭受损失，使战与不战均朝有利于我方的方向发展。这里主要有两方面的含义：

一方面孙子主张在具有优势兵力的条件下，应该采用进攻策略，集中优势兵力，采用"以众击寡"的作战方针，并依靠灵活的指挥和巧妙的兵力部署来达到目的。

另一方面，他反对实力弱小之军和强大的敌人死拼硬战，以卵击石，而要避其锋芒，保存自身的实力。总之，无论对待敌人还是自己，都要审时度势，根据不同的情况采取不同的战术。

1858年，清军围困天京，其江南大营直接威胁着太平天国的中央政权，太平军兵力不占优势，为解天京之围，李秀成与李世贤会师天京而进攻杭州，截断清军粮路。攻下杭州后，太平军广树旗帜虚设兵。清军忙调一部兵力，回救杭州，太平军金蝉脱壳，会师建平，攻克了江南大营，解了天京之围。

五、夫将者，国之辅也

夫将者，国之辅也①，辅周则国必强②，辅隙则国必弱③。

注释

① 国之辅也：国，指国君。辅，原义为辅木，这里引申为辅助、助手。

② 辅周则国必强：周，周密。意为辅助周密、相依无间，国家就强盛。

③ 辅隙则国必弱：隙，缝隙，此处指有缺陷、不周全。此句意为辅助有缺陷则国家必弱。

解读

将帅是国君的助手。辅助周密，国家就一定强盛；辅助有缺陷，国家就一定衰弱。

感悟

"将有才智社稷安"，在一定程度上讲，兵法就是为将之法。将领作为军事行动的决策者和国家战略决策的执行者，不仅战争的胜负，甚至国家的安危均系于一身。

因此，选将任帅，必须十分谨慎。如果将帅具备将之五德，即"智、信、仁、勇、严"，将会主安而国强。

战争中，将领的素质关系着战争的成败。战国时，秦用倾国之兵攻赵，赵国大将廉颇扼守长平，深沟高垒，凭险坚守，秦久攻不下，无可奈何。后来赵孝成王中了秦的离间计，用纸上谈兵的赵括代替廉颇，轻率出击，导致全军覆没，40万降卒被坑杀，赵国从此一蹶不振。

六、君之所以患于军者三

故君之所以患于军者三❶：不知军之不可以进而谓之进❷，不知军之不可以退而谓之退，是谓縻军❸；不知三军之事而同三军之政者❹，则军士惑矣❺；不知三军之权而同三军之任❻，则军士疑矣。三军既惑且疑，则诸侯之难至矣，是谓乱军引胜❼。

注释

❶君之所以患于军者三：君，国君。患，危害。意为国君危害军队行动的情况有三个方面。

❷谓之进：谓，使的意思，即"使（命令）之进"。

❸是谓縻（mí）军：这叫作束缚军队。縻，束缚、羁绊。

❹不知三军之事而同三军之政：不了解军事而干预军队的政令。三军，泛指军队。春秋时一些大的诸侯国普遍设有三军，有的为上中下三军，有的为左中右三军。同，此处是参与、干预的意思。政，政务，这里专指军队的行政事务。

第三章 谋攻篇

❺ 军士惑矣：军士，指军队的吏卒。惑，迷惑、困惑。
❻ 不知三军之权而同三军之任：不知军队行动的权变灵活性质，而直接干预军队的指挥。权，权变、机动。任，指挥、统率。
❼ 是谓乱军引胜：乱军，扰乱军队。引，失去之义。此谓自乱军队，失去了胜机。

解读

国君危害军事行动的情况有三种：不了解军队不能前进而硬使军队前进，不了解军队不能后退而硬使军队后退，这叫作束缚军队；不了解军队的内部事务，而去干预军队的行政，就会使将士迷惑；不懂得军事上的权宜机变，而去干涉军队的指挥，就会使得将士产生疑虑。军队既迷惑又心存疑虑，那为诸侯列国乘机进犯的灾难也就随之降临了，这叫作自乱其军。

感悟

孙子在此论述了君主不能干涉将帅独立指挥权的问题。一旦选好了将领，就应该授权予他，对于军队的作战，国君不能任意干预。虽然将领受命于君主，负责安国辅君保民的任务，但在受命之后，不能处处固守君命。

孙子指出："凡用兵之法，将受命于君，合军聚众……君命有所不受。"身在战场，熟知军情的将领应该在"唯人是保，利合于主"的最高原则下，结合战争的实际进程，机断行事，只有这样才可能取得战争的胜利，否则就会"三军既惑且疑"，必然自乱其军，自取败亡。

唐天宝十四年(公元755年)，安禄山叛乱。唐玄宗不懂军政，听信太监

孙子兵法

谗言，轻信杨国忠，胡乱干涉军事。在战争中，不听为将之谏，令大将哥舒翰轻率出击，哥舒翰难违君命，抚胸痛哭，勉强出征，最后全军覆灭，哥舒翰投降。其余诸郡闻风而溃，唐玄宗终落得缢贵妃以安军心、仓皇出逃的下场。

西汉前期名将周亚夫，于文帝后元六年，即前158年，屯兵细柳，就是今天的陕西咸阳西南渭水北岸，军令严整，文帝举止不合营中规矩亦不准入其营门，称"将在外君命有所不受"。

文帝不但不指责，反而称赞周亚夫为"真将军"。景帝三年，就是前154年，周亚夫率军平定吴楚之乱，不到三个月即平定叛乱。

七、故知胜有五

故知胜有五：知可以战与不可以战者胜，识众寡之用者胜❶，上下同欲者胜❷，以虞待不虞者胜❸，将能而君不御者胜❹。此五者，知胜之道也❺。

注释

❶识众寡之用者胜：能根据双方兵力对比情况而采取正确战法，就能取胜。众寡，指兵力多少。

❷上下同欲者胜：上下同心协力的能够获胜。同欲，意愿一致，指齐心协力。

❸以虞（yú）待不虞者胜：以充足的准备对付没有准备者则能得胜。虞，有准备。

❹将能而君不御者胜：将帅有才能而国君不加掣肘的能够获胜。能，有才能。御，原意驾驭，这里指牵制、制约。

❺知胜之道也：认识、把握胜利的规律。道，规律、方法。

解读

预知胜利的情况有五种：知道可不可战的，能够胜利；了解兵多和兵少不同用法的，能够胜利；全军上下意愿一致的，能够胜利；自己准备充足对付没有准备的能得胜；将帅有才能而国君不加掣肘的，能够胜。凡此

孙子兵法

五条,就是预知胜利的方法。

感悟

孙子列举了五种取得胜利的方法。这五种方法目的在于"知己"。在自身具备胜利条件的情况下出兵,才能有胜利的把握。可见孙子对于出兵打仗抱着十分谨慎的态度。他认为要从对战争形势的分析能力、用兵之法的掌握、军队士气、自身准备情况和优秀将帅的指挥等五个方面了解自身情况,才能预知胜利。

公元前260年,秦赵长平之战中,秦军诱赵括军入包围圈,并未马上攻击,而是断敌援军和粮食来源,让赵军断粮46天,自相残杀而食。在保障自己少受损失的前提下,坑杀赵军40万人。

东汉初,刘秀部将马武被敌军苏茂、周建击败,向王霸求救。王霸曰:"贼兵盛,出必两败。"乃闭营坚壁。

众人不能了解王霸的这种做法,王霸对众将士说:"敌人兵精力强,人数众多,不坚守就不能避其锋芒,而我表示出不救的样子,敌人必乘胜轻举妄动,贸然进攻;马武没人救援,必愈战愈勇。待敌人疲困时,我再乘隙进攻,敌人必败。"

苏茂、周建见王霸按兵不动,果然出兵攻打马武。激战良久,王霸待苏、周军队疲惫之际,乃开营出战,苏茂、周建前后受敌,惊乱败走。王霸可谓知兵之将,他知彼、知己、知友,并善于从实际情况具体分析,可以战则战,不可以战则避,最大限度发挥己军、友军的能动性,最大限度造成和扩大敌军的错误,趋利避害,稳操胜券,可谓熟谙知胜之道。

公元前478年,吴越两军在笠泽(今江苏吴淞)隔水对阵,勾践为了打破这种胶着状态,继续发起进攻,就乘夜采取"左右句卒"之法,即各以一部兵力从左右两翼伪装强渡，诱使吴军主力分向两翼，然后以己之主力从兵力已经薄弱的吴军阵地中央突入，大败吴军。

八、知彼知己，百战不殆

故曰：知彼知己，百战不殆❶。不知彼而知己，一胜一负❷。不知彼不知己，每战必殆。

注释

❶ 殆（dài）：危险、失败。
❷ 一胜一负：即胜负各半，指没有必胜的把握。

解读

所以说：既了解敌人，又了解自己，百战都不会有任何危险；虽不了解敌人，但了解自己，便有时能胜利，有时会失败；既不了解敌人，又不了解自己，则每次用兵都会有危险。

感悟

孙子用简洁、鲜明的语言指明了战争的指挥者对敌我双方情况的了解和认识与战争胜负间的关系。"知彼知己，百战不殆"是孙子关于兵家制胜、"知"与"战"关系的指导思想，它既包括了对敌我双方各种客观条件的了解，和对战争的指导规律与作战原则的认识，还揭示了掌握和了解敌方情况与战争胜负的关系。"知彼知己，百战不殆"不仅是历代兵家必须遵循的谋略原则，也是一条科学的真理。

在楚汉战争中，韩信能很快地帮助刘邦消灭项羽，也是由于他能知己知彼。他向刘邦分析他能击败项羽的原因："敌方有几不利：一是有勇无谋，二是背信弃义，三是目光短浅，四是赏罚不分，五是不得人心、残暴刚愎。而我方军纪严明，深得人心。"刘邦听了韩信分析，从容布局，运筹帷幄，终于取得战争的主动权，逐渐反败为胜，击败项羽。

明宣宗平定叛乱也是一个"知彼知己"的著名案例。明洪熙元年（1425年）五月，仁宗病亡，宣宗朱瞻基继位。汉王朱高煦乘仁宗新亡、宣宗刚即位之机，于宣德元年（1426年）八月发动叛乱。

朱高煦是仁宗的同母弟，为人狡诈凶悍，善于骑射，一向以雄武自负。在靖难之役中，随朱棣征战，立过战功。他原以为自己功高，会被确定为皇位的继承人。没想到朱棣夺得天下后，却立朱高炽为太子，封他为汉王，而且封国远在云南。朱高煦因此心中不快，埋怨说："我何罪，斥我于万里之外？"赖在南京，不肯就藩，并要求为自己增加护卫的军队。他常常以秦王李世民自比，瞧不起太子朱高炽，一心想取而代之。

后来，成祖朱棣将他改封在青州，即今山东益都，但他还是不想走，以愿常侍在成祖左右为借口，要求继续留在南京，成祖知道他有阴谋，没答应他的要求。高煦到青州后，暗中招募壮士，募兵三千人，不隶籍于兵部。

更可恶的是，他残害人民，纵容爪牙劫掠，肢解无辜百姓投入江中。兵马指挥徐野驴擒治其爪牙后，竟被高煦用铁瓜捶死。

成祖得知他的这些不法行为后，把他召到南京，准备废为庶人，经朱高炽为他再三求情，才削除他的护卫军队，改封在乐安州（今山东广饶)。成祖死的时候,他就在窥测风向,蠢蠢欲动,后来没得到下手的机会。

10个月后,仁宗又死,朱瞻基从南京奔丧,高煦阴谋在路上伏兵袭击,因事出仓促,未能得逞。宣宗即位后,一再曲徇其意,但他处心积虑,总想发动叛乱,夺取皇位,终于在宣德元年八月起事。朱高煦效法其父朱棣的故技,指夏原吉等人为奸臣,声称自己是举兵靖难。他派人暗中到北京联络英国公张辅为内应,张辅逮捕来人,告发了他们的阴谋。

面对高煦的叛乱,有人主张派阳武侯薛禄前去征讨,杨荣极力反对。他说:"难道没见到李景隆的教训吗?"他建议宣宗亲征,说:"高煦以为陛下新立,一定不会亲征。如今出其不意,以天威临之,事无不济。"宣宗征求夏原吉的意见,夏原吉同意杨荣的主张,认为先声可夺人之心,

应由宣宗亲征，一鼓而平之。

于是，宣宗下定决心，率大营五军将士，亲征高煦。进军路上，宣宗问从征诸臣说："众卿试为分析，高煦的动向将会如何呢？"有人说："乐安城小，他一定会先取济南作为巢窟。"也有人说："他以前不肯离开南京，现在一定会引兵南下取之。"

宣宗判断说："不对。济南虽近，不易攻也；而且一听说大军征伐，也没工夫攻城。而汉王护卫军的家属都在乐安，士兵不愿离开乐安去取南京。高煦外多夸诈，内实怯懦，临事狐疑，辗转不断。他所以敢反叛朝廷，是欺负朕年少新立，众心未附；又以为朕不敢亲征，即使派遣将领讨伐，只要甜言厚利诱惑，就可瓦解。现在一听说朕亲征，早已破胆，还敢出战吗？"

宣宗的分析果然不差。高煦起初听说朝廷将命薛禄为将，高兴地说："这容易对付。"及至听说宣宗亲征，气就泄了一半，束手无策。宣宗一面派人到乐安城中传诏，晓以利害，令其投降；一面指挥大军直赴乐安城下，围困四门。城中人心瓦解，高煦手下的将士甚至密谋逮捕高煦献城。高煦走投无路，被迫出城向宣宗请罪。宣宗拘捕高煦父子，班师回朝，叛乱平定。作为明代较有作为的皇帝，宣宗深谋远虑，他对敌我双方有着透彻的分析和了解，真正做到了"知彼知己，百战不殆"，使战争还未开始就已经获胜了。

第四章 军形篇

  本篇论述用兵作战要先为自己创造不被敌人战胜的条件，以等待敌人可以被我战胜的时机，使自己"止于不败之地"。

  孙武认为：战争的胜负决定于敌我双方力量的大小，要想战胜敌人，就必须在力量的对比上使自己处于绝对优势，造成一种迅猛不可抵挡之势。除此之外，还要等待敌人可以被我战胜的有利时机，善于抓住敌人的弱点，这样，就能轻而易举地战胜敌人。

  孙武曾说："兵者，国之大事，死生之地，存亡之道，不可不察也。"开宗明义地指出战争关系国家存亡，应持慎重态度。国君不可以因一时的愤怒而兴兵打仗，将帅不可凭一时怨愤而与敌交战。

  孙武同时提出了"非利不动，非得不用，非危不战""合于利而动，不合于利而止"的思想。并且告诫说："怒可以变喜，愠可以变悦，亡国不可以复存，死者不可以复生。故明君慎之，良将警之，此安国全军之道也。"

  孙武又认为，要在作战中取胜，必须善于对待攻和守的问题。兵力不足就防守，兵力有余就进攻。防守时要十分严密地隐蔽自己，进攻时要杀得敌人措手不及。这样，就能达到"自保而全胜"的目的了。

孙子兵法

一、善战者先为不可胜

孙子曰：昔之善战者，先为不可胜❶，以待敌之可胜❷。不可胜在己，可胜在敌❸。故善战者，能为不可胜，不能使敌之可胜❹。故曰：胜可知，而不可为❺。

注释

❶先为不可胜：为，造成、创造。不可胜，使敌人不可能战胜自己。此句意为先创造条件，使敌人不能战胜自己。

❷以待敌之可胜：待，等待、寻找、捕捉的意思。敌之可胜，指敌人可以被我战胜的时机。

❸不可胜在己，可胜在敌：指创造不被敌人战胜的条件，在于自己主观的努力，而敌方是否能被取胜，取决于敌方自己的失误，而非我方主观所能决定。

❹能为不可胜，不能使敌之可胜：能够创造自己不为敌所胜的条件，而不能强令敌人一定具有可以被我战胜的时机。

❺胜可知，而不可为：知，预知、预见。为，强求。意为胜利可以预测，却不能强求。

解读

孙子说：从前善于用兵打仗的人，先要做到不会被敌方战胜，然后捕

第四章　军形篇

捉时机战胜敌人。不会被敌人战胜的主动权操在自己手中，能否战胜敌人则取决于敌人是否有隙可乘。所以，善于打仗的人，能创造不被敌人战胜的条件，但却不可能做到使敌人一定被我战胜。

感悟

孙子从"军形"的角度论述了"先为不可胜"的战略思想。强调要让自己立于不败之地，必须加强自身实力的培养。

"先为不可胜"的实质就是实力问题，要求在军事斗争中，重视军队的训练与养成，奠定雄厚的实力。只有具备精良的装备，训练有素的士卒，再配合懂得用兵之法的将帅等条件，才能有强大的军事实力，也才可能不被敌人战胜。

李牧戍边就是采取的这种方法。李牧在与匈奴对阵中总是采取守势，明示弱，暗蓄锐。平时加强战备，整顿税收，伺机歼敌。数年后，李牧见条件成熟，待敌再进袭时，诱敌深入。于两翼设伏兵，一举大破匈奴，歼敌十万，拓地千里，赵国北部边境得以平安。

两军对阵，实力强大的一方总是希望弱小的另一方集中兵力与自己决战，从而达到速战速决、围歼对方的目的。在这种情况下，实力较弱的一方，则应采取"不若则能避之"的谋略，避免与敌决战。应避开敌军锋芒，保存实力，及时退却，牵住敌人的鼻子，与敌人捉迷藏、兜圈子，在运动中拖垮敌人，在运动中消耗敌人。

最后，捕捉并创造战机，当敌人士气衰落、粮草短缺、后援不继、精疲力竭、兵力分散，犯了兵家之大忌时，才集中优势兵力，对敌已分散的兵力各个击破，围而歼之。

二、不可胜者，守也

不可胜者，守也①；可胜者，攻也。守则不足，攻则有余②。善守者，藏于九地之下；善攻者，动于九天之上③，故能自保而全胜④也。

见胜⑤不过众人之所知，非善之善者也；战胜而天下曰善⑥，非善之善者也。故举秋毫不为多力，见日月不为明目，闻雷霆不为聪耳。古之所谓善战者，胜于易胜者也。

注释

❶ 不可胜者，守也；可胜者，攻也：意为使敌人不能胜我，在于我方防守得当；而战胜敌人，则取决于我方进攻得当。

❷ 守则不足，攻则有余：采取防守的办法，是因为自己的力量处于劣势；采取进攻的办法，是因为自己的力量处于优势。

❸ "九地、九天"句：九，虚数，泛指多，古人常用"九"来表示数的极点。九地，形容地深不可知；九天，形容天高不可测。此句谓善于防守的人，能够隐蔽军队的活动，如藏物于极深之地下，令敌方莫测虚实；善于进攻的人，进攻时能做到行动神速、突然，如同从九霄飞降，出其不意，迅猛异常。

❹ 自保而全胜：保全自己而战胜敌人。

❺ 见胜：预见胜利。见，预见。

第四章　军形篇

❻ 战胜而天下曰善：经过战斗后获得的胜利天下之人赞扬叫好。战胜，战而后获得之胜。

解读

要想不被敌人战胜，在于防守严密；想要战胜敌人，在于进攻得当。实行防御，是由于兵力不足；采取进攻，是因为兵力有余。善于防守的人，隐蔽自己的兵力如同深藏于地下；善于进攻的人，展开自己的兵力就像自九霄而降。所以，既能保全自己，又能夺取胜利。

预见胜利不能超过平常人的见识，算不上最高明；交战而后取胜，即使天下都称赞，也不算上最高明。正如举起秋毫称不上力大，能看见日月算不上视力好，听见雷鸣算不上耳聪。古代所谓善于用兵的人，只是战胜了那些容易战胜的敌人。

感悟

孙子在这里论述了"善攻"和"善守"的运用，"攻"就要"动于九天之上"，突然、迅猛、出其不意，让敌人措手不及；"守"就要"藏于九地之下"，选好藏身之地以等待时机，守住敌人的进攻而寻机胜敌，以静制动，以不变应万变，从而达到"自保而全胜"的目的。

能攻善守从来就是战争取胜的两个至要关键，不论是攻还是守，其目的只有一个，就是保全自己而战胜敌人。将领要根据自身的实力来选择"攻势"或是"守势"。实力强大，具备胜利的条件，就要果断进攻；实力不足，尚不具备胜利的条件，就采取守势，以保存实力，寻求战机。

三、无智名，无勇功

故善战者之胜也，无智名，无勇功①。故其战胜不忒②。不忒者，其所措必胜③，胜已败者也④。

> **注释**

① 无智名，无勇功：无多智之誉，无勇猛之功。
② 其战胜不忒（tè）：他们取得胜利是不会出差错的。忒，差错、失误。
③ 所措必胜：措，措施。所采取的作战的必胜措施。
④ 胜已败者也：战胜败局已成的敌人。

> **解读**

因此，善于打仗的人打了胜仗，既不显露出指挥的名声，也不表现为勇武的战功。他们取得的胜利，是不会有差错的。其所以不会有差错，是由于他们的作战措施建立在必胜的基础上，能战胜那些已经处于失败地位的敌人。

> **感悟**

善战者之所以能立于不败之地，是因为他们能抓住战机，胜之于无形。他们的胜利，既不显示智谋的名声，也不表现勇武的战功。他们只是

第四章 军形篇

牢牢抓住胜利的主导权,让胜利建立在切实可靠的基础上。

"无智名,无勇功"中的"无"使"智名"和"勇功"隐藏起来,表面上看似"愚",实际上暗藏杀机。换句话说,就是在战争中,佯装糊涂,不露杀机,实则暗中策划而伺机进攻。

春秋时期,楚国准备攻打宋国,墨子用"杀不足而争有余,舍粱肉而食糠糟"的言论和楚王与公输盘辩理,可谓智取,但楚王仍有不服,墨子又以带为城做示范演习,公输盘九攻九败,墨子说他的学生已运用他的守城方法等待楚国的进攻了,楚王因此不得不放弃攻宋的念头,是以勇胜。

墨子说服楚王放弃攻宋,是以实力做后盾的。敢战方能言和,言和更须备战。墨子要不是在演习中战胜对手,楚王是绝不会善罢甘休的。决胜千里的高深谋略,必须建立在有把握取胜的基础上,墨子兵不血刃,所措必胜,制止了楚军进攻,确是真正的善战者。

四、胜兵先胜而后求战

故善战者，立于不败之地，而不失敌之败也①。是故胜兵先胜而后求战②，败兵先战而后求胜③。

注释

① 不失敌之败也：不放过使敌人失败的机会。
② 胜兵先胜而后求战：胜兵，胜利的军队。先胜，先创造取胜的条件。意为能取胜的军队，总是先创造取胜的条件，然后才和敌人决战。
③ 败兵先战而后求胜：指失败的军队总是贸然开战，然后企求侥幸取胜。

解读

善于打仗的人，总是确保自己立于不败之地，同时不放过任何击败敌人的机会。所以，胜利的军队总是先创造获胜的条件，而后才寻机与敌决战。而失败的军队，却总是先和敌人交战，而后企望侥幸取胜。

感悟

《孙子兵法》一书中多次强调胜利的条件。孙子主张"慎战"而不"畏战"，既不要随意开战，也不要放过任何可以战胜敌人的机会。在开战之前必须创造有利的条件,让自己具备胜利的因素,这也就是"先谋后战"。孙子反对先战而后求胜,他认为盲目行动只会招致恶果。所以,在任何一场战斗之前,都必须进行周密的策划和部署。

春秋末期,吴王阖闾让伍子胥操练部队,加强战备。伍子胥练兵却是先练习打败仗。伍子胥说,知败为知胜之母,只有求得避免失败的方法,研究战略方略,而等待时机,方可一鼓作气,夺取胜利。

伍子胥、孙武始终在作战中坚持知败防败、谨慎用兵的宗旨,最后所向无敌,成为一代名将。

五、修道而保法

善用兵者,修道而保法❶,故能为胜败之政❷。

注释

❶ 修道而保法:道,政治,政治条件。法,法度、法制。意为修明政治,确保各项法制的贯彻落实。

❷ 故能为胜败之政:政,同"正",引申为主宰的意思。为胜败之政,即成为胜败的主宰。

解读

善于指挥军队作战的人,必须修明政治,确保法制,如此才能掌握战争胜负的决定权。

孙子兵法

感悟

"修道而保法"强调了军队要严明政治以及军纪的思想。孙子把修明政治的"道"放在首位,认为它是决定战争胜败的关键因素。"修道"要求借令人满意的政治措施、经济环境和道德伦理,使君民同心,将士"上下欲同"。

孙子认为"法"也是决定战争胜负的因素之一,军在法随,有了能严格执行的军纪,才能使军队的运作有章可循,没有军纪的部队,将是混乱的军队,自然也是失败的军队。

六、一曰度,二曰量

兵法:一曰度❶,二曰量❷,三曰数❸,四曰称❹,五曰胜。地生度❺,度生量❻,量生数❼,数生称❽,称生胜❾。

注释

❶ 度:指土地幅员的大小。

❷ 量:容量、数量,指物质资源的数量。《汉书·律历志》上说,"量者,龠、合、升、斗、斛也,所以量多少也。"

❸ 数:数量、数目,指兵员的多寡。

❹ 称:衡量轻重,指敌对方实力状况的衡量对比。

❺ 地生度:生,产生。意为因所处地域的不同,产生土地幅员

大小的差异。

❻度生量：指因土地幅员的大小差异，产生物质资源的多少不同。

❼量生数：北宋诗人梅尧臣注："因量以得众寡之数。"指因物质资源的多少不同，产生兵员多寡的差异。

❽数生称：指因兵员多寡的不同，产生军事实力的强弱不同。

❾称生胜：指因军事实力对比的不同，决定了战争胜负的不同。

解读

兵法的基本原则有五条：一是"度"，二是"量"，三是"数"，四是"称"，五是"胜"。敌我所处的地域不同，产生双方幅员大小不同的"度"，敌我地幅大小，也就是"度"的不同产生了双方物质资源丰瘠不同的"量"；敌我物质资源丰瘠，也就是"量"的不同，产生了双方军事实力强弱不同的"称"；敌我军事实力强弱，即"称"的不同，最终决定了战争的胜负成败。

感悟

这是孙子"称胜"的思想。孙子认为无论是军事实力的竞争，还是发动战争都必须量力而行。国家军事实力要以国家的综合实力为基础。

发展军备必须考虑"度、量、数、称、胜"五个环节。这五个环节相互联系，一环"生"一环，形成一种必然的逻辑关系。

国家幅员的大小决定了资源的多少，资源的多少决定了国家所能承担的武装力量，而武装力量的大小决定了该国军事实力的强弱，军事实力的强弱又决定了战争的胜负、国家的安危。

各个环节之间要相互协调，保持一定的比例才能促进各方面的健康发展，如果不顾国力，单方面发展军备，将导致比例失衡，从长远来看，军事实力也不可能得以加强。

作为谋略，灵活性和变通性是竞争中非常需要的素质。灵活性指对周围各种情况反应敏捷，无论接收信息、做出决策，还是付诸行动、反馈调节，都迅速快捷，不拖泥带水。变通性指当情况变化或发生意外情况或遇到困难时，能随机应变，改变原定计划，绕过障碍，克服困难，而不呆板、固执。

七、胜兵若以镒称铢

故胜兵若以镒称铢❶，败兵若以铢称镒。胜者之战民❷也，若决积水于千仞❸之溪者，形也。

注释

❶ 以镒（yì）称铢（zhū）：镒，古代重量单位，合24两或20两，意为其重；铢，古代重量单位，24铢为一两，意为其轻。此处指实力悬殊。

❷ 战民：士兵。

❸ 仞（rèn）：古代长度单位，8尺为一仞。此句指犹如8000尺上之水，决堵而下，势不可当。

第四章　军形篇

解读

胜利的军队较之于失败的军队，犹如以"铢"比"镒"那样，占有绝对的优势；而失败的军队较之胜利的军队，就像用"镒"比"铢"那样，处于绝对的劣势。胜利者指挥军队与敌作战，就像在万丈悬崖掘开山涧的积水，所向披靡，这就是"形"的军事实力。

感悟

孙子在这里论述了优势与劣势的问题。在战争中，如何发挥自身优势，避免劣势是将帅指挥的艺术。总体优势如果不善于利用，就会变为局部劣势，成为"以铢称镒"的败兵；总体劣势如果巧妙运用，也有可能转化为局部优势，成为"以镒称铢"的胜兵。

因此需要将帅认真地谋划，一方面要充分发挥自己的优势，另一方面要转劣势为优势，以"决积水于千仞之溪者"的气势战胜敌人。

发生在公元前24年的李牧战胜匈奴的战争就是如此，当时赵国面临匈奴的威胁，常常被匈奴骚扰。赵国不堪其扰，只好派出富有经验的名将李牧来应对匈奴。

李牧为了取胜，开始精心做准备。他首先佯装不能取胜，在边境修筑了很多堡垒，平时就让士兵在堡垒附近练兵，一旦匈奴来袭击，他就让士兵快速躲在堡垒中，避免与匈奴作战。

久而久之，匈奴就习惯了，甚至认为是赵军害怕他们。其实，这是李牧故意麻痹匈奴的计策，是在创造一种"不可胜在己，可胜在敌"的错觉，也是在积蓄己方胜利的条件。

不久，匈奴认为李牧胆怯，就率领大军来攻打。这次，那些平时一看

孙子兵法

见匈奴就躲在堡垒里的士兵们突然变成了虎狼之师，把匈奴军队打了个措手不及。此后十几年，匈奴再也不敢来侵犯赵国了。

在战场上，优势与劣势取决于指挥官的运用。总体优势，运用不好，可变为局部劣势，成为"以铢称镒"的败兵；总体劣势，运用得好，可以造成局部优势，成为"以镒称铢"的胜兵。

1619年，明神宗派杨镐率兵11万大军进攻后金都城赫图阿拉。杨镐兵分四路，努尔哈赤采取"凭你几路来，我只一路去"的各个击破的方针，集中八旗全部兵力6万人攻击明军西路杜松部，一举歼灭明军3万。之后再移兵北路，马林不战而逃，然后再围歼刘綎。杨镐一见大势不好急忙撤军。努尔哈赤采取各个击破的方针，以6万胜11万，取得萨尔浒大战的巨大胜利。

第五章　兵势篇

　　本章论述用兵作战要造成一种可以压倒敌人的迅猛之势，并要善于利用这种迅猛之势。势是什么呢？孙子说，这种势就像可以漂起石头的激流，就像一触即发的弓弩，就像圆石从千仞高山上滚下，有一种不可抵挡的力量。用这种力量打击敌人，就能够以一当十，所向无敌。

　　湍急的流水冲击力之猛，足以漂走石头，那是由于水流迅猛的"势"造成的；鸷鸟从高空往下猛烈搏击，以至能捕杀鸟雀，那是由于抓住了时机。

　　所以说，善于作战的人，他们造成的态势总是十分险峻，他们抓住的时机总是非常短促。他们造成的态势就像已经张开的弓弩一样，险恶异常，他们抓住的时机就像正要用手扳动机钮一样，瞬间即发。

　　怎样才能造成这种势呢？首先，要给自己创造条件，使本身具有战胜敌人的强大力量。其次，要"择人而任势"，选择熟知军事、知人善任的将帅，指挥士兵作战灵活自如，并且善于用假象迷惑敌人，用小利驱动敌人，引诱敌人陷入圈套，然后用伏兵狠狠地打击敌人。

孙子兵法

一、治众如治寡

孙子曰：凡治众如治寡❶，分数是也❷；斗众❸如斗寡，形名❹是也；三军之众，可使必受敌而无败❺者，奇正❻是也；兵之所加，如以碬投卵❼者，虚实❽是也。

> 注释

❶治众如治寡（guǎ）：治，治理、管理。意为管理人数众多的部队如同管理人数很少的部队一样。

❷分数是也：分数，此处指军队的编制。把整体分为若干部分，就叫分数，这里是指分级分层管理之意。

❸斗众：指挥人数众多的部队作战。斗，动词，为使……战斗之意。

❹形名：形，指旌旗；名，指金鼓。在战场上，投入兵力众多，分布面积也很宽广，主帅下达的命令难以传达，所以设置旗帜，高举于手中，让将士知道前进或后退等命令，而用金鼓来节制将士或进行战斗或终止战斗。

❺必受敌而无败：必，"毕"的同义假借，意为完全、全部。

❻奇正：常规与奇兵并用。奇正，古兵法常用术语，指军队作战的特殊战法和常用战法。就兵力部署而言，以正面受敌者为正，以机动突击为奇；就作战方式言，以正面进攻为正，以侧翼包抄偷

袭为奇,以实力围歼为正,以诱骗欺诈为奇等。

❼以碫(duàn)投卵:比喻以坚击脆、以实击虚。碫,磨刀石。

❽虚实:古兵法常用术语,指军事实力上的强弱、优劣。有实力为"实",反之为"虚";有备为"实",无备为"虚";休整良好为"实",疲敝松懈为"虚"。此处含有以强击弱、以实击虚的意思。

解读

孙子说:一般而言,管理大部队如同管理小部队一样,这属于军队的组织编制问题;指挥大部队作战如同指挥小部队作战一样,这属于指挥号令的问题;整个部队遭到敌人攻击而没有溃败,这属于"奇正"战术的变化问题;对敌军所实施的打击,如同以石击卵一样,这属于"避实就虚"原则的正确运用问题。

感悟

孙子在此提出了部队的治理和战术的问题。他认为治理军队首先要有合理的编制,使上下能协调一致,以便于管理;其次,对资讯的处理需要及时,使将帅的命令能迅速而准确地传达出去,这样才能有效地指挥调动;再者,在战术的应用上要出奇制胜,以实击虚,有法但不困于法,随机应变,让对手无法捉摸,以此取得胜利。

诚如两宋军队组织不当,一是兵无言主,二是将无重权,三是冗兵成灾,导致两宋军队一直缺少战斗力,屡受外辱,由此可见部队治理的重要性。

二、以正合，以奇胜

凡战者，以正合①，以奇胜。故善出奇者，无穷如天地，不竭如江河②。终而复始，日月是也；死而复生，四时是也③。

声不过五④，五声之变，不可胜听也；色不过五⑤，五色之变，不可胜观也；味不过五⑥，五味之变，不可胜尝也。

注释

❶ 以正合，以奇胜：合，交战、合战。此句意即以正兵合战、奇兵制胜。

❷ 无穷如天地，不竭如江河：喻正奇之变化有如宇宙万物之变化无穷、江河水流之永不竭尽。

❸ 死而复生，四时是也：去而复来，如春夏秋冬四季更替。

❹ 声不过五：古代以宫、商、角、徵、羽为五声，或五音，即五个基本音阶。

❺ 色不过五：古代以青、黄、赤、白、黑为五色，即五种基本色素。

❻ 味不过五：古代以辛（辣）、酸、咸、苦、甘（甜）为五味，即五样基本的味道。

解读

一般的作战，总是以"正兵"合战，用"奇兵"取胜。所以，善于出奇制胜的人，其战法的变化如天地运行那样变化无穷，像江河那样奔流不息。终而复始，就像日月的运行；去而复来，如同四季的更替。

宫、商、角、徵、羽不过五音，然而五音的组合变化，永远也听不完；红、黄、蓝、白、黑不过五色，但五种色调的组合变化，永远看不完；酸、甜、苦、辣、咸不过五味，而五种味道的组合变化，永远也尝不完。

感悟

孙子在其兵法理论中，提出一个"奇正"的命题，"出奇制胜"体现了孙子合理部署兵力、灵活运用战术的思想。《孙膑兵书·奇正篇》云："同，不足为相胜也，故以异为奇。"意思是，相同的、平庸的战术是不能取得胜利的，所以要用不同的战术。

作为一般的作战原则，明于正暗于奇，与敌正面作战为正，围剿、包抄为奇；列阵对敌、明攻为正，突击、偷袭或采用特殊战法为奇。作战必须有"正奇"的变化，要"以正合，以奇胜"才能战胜敌人，此一军事思想，已为后来许多军事家所运用。用此战略战术为指导而赢得战争胜利的战例俯拾皆是。

三、奇正之变，不可胜穷

战势❶，不过奇正，奇正之变，不可胜穷也。奇正相生❷，如环之无端❸，孰能穷之❹？

孙子兵法

注释

① 战势：指具体的兵力部署和作战方式。
② 奇正相生：意为奇正之间相互依存、转化。
③ 如环之无端：端，无始无终。言奇正之变化无始无终，永无尽头。
④ 孰能穷之：孰，谁。穷，穷尽。之，指奇正相生变化。

解读

作战的方式不过"奇""正"两种，可是"奇""正"的变化，却永远未可穷尽。"奇""正"之间的相互转化，就像顺着圆环旋绕似的，无始无终，又有谁能够穷尽它呢？

感悟

奇正运用，变化无穷。在战争中，没有一成不变的打法，也没有拘泥于固定模式的战术，只有随机应变、出奇制胜才能战胜对方。因此孙子指出"奇正之变，不可胜穷"，他认为正与奇互为依托，又相互转变，在相生相变中创造战机，给敌人出其不意的打击，使之措手不及，从而收到出奇制胜的效果。

三国时的诸葛亮，用兵以谨慎得名。街亭失守后，各方形势危急。司马懿挥军直扑诸葛亮的指挥中心西城，当时军队全部调出，来不及回援，城中只有几百士兵，形势十分危急，诸葛亮这时大开城门，城中一切秩序井然，而诸葛亮坐在城门墙上，安然弹琴。

魏兵只好驻足城前，不敢贸然前进，司马懿恐有伏兵，命令撤退。

第五章 兵势篇

诸葛亮用空城计吓走魏军,是深谙奇正之道。他一改过去用兵的常势,以"变"赢得了主动。

四、激水之疾,至于漂石

激水之疾,至于漂石[1]者,势[2]也。鸷鸟[3]之疾,至于毁折[4]者,节[5]也。是故善战者,其势险,其节短。势如彍弩[6],节如发机[7]。纷纷纭纭[8],

孙子兵法

斗乱而不可乱也；浑浑沌沌⁹，形圆而不可败也。

注释

① 漂石：漂，漂移。漂石即移动石头，也就是冲走石头。

② 势：这里指事物本身态势所形成的内在力量。

③ 鸷（zhì）鸟：凶猛的鹰隼。如鹰、雕、鹫之类。

④ 毁折：毁伤、捕杀。这里指捕击鸟、兔之类动物。

⑤ 节：节奏，指动作爆发得既快捷、猛烈，又恰到好处。

⑥ 势如彍（guō）弩：彍，弩弓张满的意思。彍弩，即弓满待发之弩。

⑦ 发机：即引发弩机的机钮。

⑧ 纷纷纭纭：形容旌旗混乱的样子。纷纷，紊乱；纭纭，多而且乱。

⑨ 浑浑沌沌（dùn）：战车转动、人马奔驰的样子。

解读

湍急的河水迅速地奔流，以至能够把巨石冲走，这是因为它飞快的流速所形成的"势"使然，鸷鸟高飞猛击，以至能捕杀鸟雀，这就是短促迅捷的"节"使然。因此，善于指挥作战的人，他所造成的态势险峻逼人，他进攻的节奏短促有力，险峻的势就像张满的弓弩，迅疾的节奏犹似击发弩机把箭突然射出。旌旗纷纷，人马纭纭，双方混战，战场上事态万端，但自己的指挥、组织、阵脚不能乱；混混沌沌，迷迷蒙蒙，两军搅作一团，但胜利在我把握之中。

第五章　兵势篇

> 感悟

　　孙子通过论述"势"与"节"的特点，提出了在作战时要善于利用态势，掌握节奏、控制距离，抓住稍纵即逝的战机，以快捷、凌厉的态势，击溃敌人。

　　孙子认为创造和利用态势，合理部署兵力，能使军力得以充分发挥。指挥者要善于创造险峻的态势，犹如"激水之疾，至于漂石"，利用短促的节奏，好像"势如彍弩，节如发机"，使军队勇猛无比，所向披靡。

　　公元986年，辽军侵宋，与宋军相持于代州城外。知州张齐贤向潘美求救，潘美发兵驰援，但在途中又接皇帝之命撤回。

　　张齐贤估计辽军只知潘美发兵而不知其收兵，令200士兵一人一旗，于城西30里外设置疑兵，又于辽军退路处埋伏锐卒2000名。之后，辽军见火光四起，以为宋军援兵已到，立时撤退。张齐贤开城出击，伏兵路上截击，辽军大败，代州之围遂解。

　　张齐贤利用潘美率军来援所造之势，诱使辽军退兵，然后迅速展开伏击与出击，以少胜多，力挽危局，其势险节短，可谓千钧一发。

五、乱生于治，怯生于勇

　　乱生于治❶，怯生于勇，弱生于强❷。治乱，数也❸；勇怯，势也；强弱，形也。

孙子兵法

注释

① 乱生于治：示敌混乱，是由于有严整的组织。
② 弱生于强：示敌弱小，是由于本身拥有强大的兵力。
③ 治乱，数也：数，即前言之"分数"，指军队的组织编制。意为军队的治或乱决定于编制是否有序。

解读

向敌显示混乱，是由于己方组织编制的严整；向敌显示怯懦，是由于己方具备了勇敢的素质；向敌诈示弱小，是由于己方拥有强大的兵力。严整或者混乱，是由组织编制的好坏而定的；勇敢或怯懦，是由作战态势的优劣所造成的；强大或者弱小，是双方实力大小的外在显示。

感悟

孙子把治与乱、勇与怯、强与弱看作矛盾的统一体，两者在一定的条件下可以相互转化。可见，战争的一切因素都在不断变化中，在作战中，必须留意战场形势的变化，而根据变化的情况采取相应的措施，把握胜利的机会。治乱、勇怯、强弱在一定的条件下可以互相转化，所以只有处处警觉、处处小心，方得以把握时局。

在历史的长河中既有一泻千里的主流，也随时有曲折回波。社会有正常的治世，也有群雄纷争的乱世。乱世出英雄，成功的英雄能顺应乱世的反常，并以非常之法拨乱反正，能想常人之所不想，敢为常人所不为，打破常规，以奇取胜，从而重整秩序，再兴规矩，变乱为治。这是反常之奇，制胜之奇，也是"治生于乱"。

第五章 兵势篇

六、形之，敌必从之

故善动敌①者，形之②，敌必从之；予之，敌必取之。以利动之③，以卒待之④。

注释

① 动敌：调动敌人。
② 形之：形，动词，即示形，示敌以形。指用假象迷惑敌人，使其判断失误。
③ 以利动之：用利益调动敌人。利，利益。动，调动。
④ 以卒待之：用重兵伺机破敌。

解读

所以善于调动敌人的将帅，会伪装假象迷惑敌人，敌人因此会听从调动；用小利引诱敌人，敌人就会前来争夺。用这样的办法积极调动敌人，再预备重兵伺机攻击他。

感悟

孙子认为，如果能利用计谋，影响敌方的行动，让敌人落入自己的圈套，就能创造对己有利的形势，从而战胜他。所以优秀的将帅善于分析敌方的心理，利用各种因素影响调动敌方的行动，示之以利，投其所好，为全歼敌人埋下伏笔。

　　战争就是为了争利,如果我方主动以利益诱之,敌人必定会赶来争利;反之,在某一方面明显造成对敌人的威胁,敌人为避免吃亏,也就势必不得不被我调动。这样,一手想办法"制敌所利",一手用计谋"制敌所害",就能在战场上牵着敌人的鼻子走了。

　　能做到这一点,就可以实施本章中提出的引敌而歼之的战术:"故善动敌者,形之,敌必至之;予之,敌必取之。以利动之,以卒待之。"即造成给敌以可乘之机的假象,调动敌人的指挥者,让敌人跑来争利,然后设伏兵歼灭他们。

　　孙子认为,有效调动敌人的方法归纳起来主要有两种,一是先下手为强,形成先发制人的态势,这样就可以通过占据战术制高点而掌握战局;二是通过向敌人展示"虚"的一面,来诱使其上当,吸引敌人按照自己的战略部署行动。说到底,这两种手段都是要达到自己可以决定何时作战、何地作战的效果。

　　但具体而言,以实击虚又有着不同的层次。在孙子看来,首先,要"善战者,致人而不致于人";第二,要"微乎微乎,至于无形;神乎神乎,至于无声";第三,要"水因地而制流,兵因敌而制胜"。至于这三个问题,本书在下一章的"虚实篇"还会详细讲到。

七、择人而任势

　　故善战者,求之于势,不责于人[1],故能择人而任势[2]。

第五章 兵势篇

注释

① 求之于势，不责于人：责，求、苛求。此句意谓当追求有利的作战态势，而不是苛求下属。

② 择人而任势：择，选择。任，任用、利用、掌握、驾驭的意思。

解读

善于用兵打仗的人，总是努力创造有利的态势，而不对部属责备求全，所以他能够选择人才去利用和创造有利的态势。

感悟

孙子在此强调了"任势"和"择人"的问题。孙子认为要创造对我方有利的"势"，才能确保战争的胜利。而"势"要靠人去把握、利用，因此选择适当的人才是创造和利用有利势态的关键。历史上，由于选人不当、用人失策，因而"失势"造成兵败的例子不胜枚举。

所以，要求国君或将帅在关键时刻一定要选好人才，以便获得有利的态势，获得

81

最终的胜利。

周文王渭水得姜尚,萧何月下追韩信,可谓择人任势。在战争中,领导者若能择人任势,就会取得战争的主导权和胜利优势。

八、任势者,其战人也

任势者①,其战人②也,如转木石③。木石之性④,安⑤则静,危⑥则动,方则止,圆则行。故善战人之势,如转圆石于千仞之山者,势⑦也。

注释

① 任势者:依赖策略取胜的人。

② 战人:使人战,指挥士卒投入战斗。

③ 转木石:指转运圆木或石头。转,转动。木石,木头、石头,也比喻指挥士卒作战。

④ 木石之性:木石的特性。性,性质、特性。

⑤ 安:安稳,这里指平坦的地势。

⑥ 危:局峻、危险,此处指地势高峻陡峭。

⑦ 势:是指在"形",即军事实力的基础上,发挥将帅的主观作用,因而造成有利的作战态势。

解读

善于利用态势的人指挥军队作战,就如同滚动木头、石头一般。木头

第五章　兵势篇

和石头的特性是：置放在平坦之处就静止不动，置放在险峻陡峭之处就滚动；方的容易静止，圆的滚动灵活。

所以，善于指挥作战的人所造成的有利态势，就像将圆石从万丈高山上推滚下来那样，这就是所谓的"势"。

感悟

《孙子兵法》中曾多次提到了"势"，孙子一直认为要取得战争的胜利必须擅长造势和因势利导，懂得创造和利用有利的势态是制胜的关键。"势"是一个国家军事实力的体现、使用和发挥。在有利的势态上进行作战，才具有更大的震撼力，也才能发挥势的威力。

蒙古先后发动三次攻宋的战役。第一次由窝阔台领军，第二次由蒙哥汗领军，都由于战线长，兵力分散，最后损兵折将无功而退。而第三次忽必烈从襄樊开刀，实行中间突破，正如降将所言："襄樊，宋之咽喉也，咽喉被塞，不败待何为？"

可见襄樊一失，宋室自然大势已去，这种态势产生的冲击力，不可阻挡。可以说忽必烈是借"势"的高手。

唐朝初期，李世民大败宋金刚一役，同样借助的是"势"。由于李世民知道借"势"而行，最终取得了巨大胜利。

公元619年，晋北割据势力刘武周率军攻克并州，其部将宋金刚又率部攻陷晋州，夺取龙门，进逼浍州。唐高祖李渊闻讯，立即命令李世民统领关中的所有人马，渡过黄河，在柏壁一带同宋金刚的人马相对峙。

唐军诸将都请求立即同宋金刚决一死战，李世民却认为，宋金刚军中精兵猛将云集，目前士气正旺。但他们是孤军深入，补给困难，军用辎重全靠就地抢掠。如果立即同宋金刚决战，反而正中他的下怀。

孙子兵法

因此，李世民主张先养精蓄锐，不急于出战，使敌人的锋芒受挫。此外，分出一部分唐军去进攻敌人的腹地。这样的话，宋金刚不出多久便会因为粮草殆尽、腹地受攻而撤军，到那时候再进攻，必然收到很好的效果。

第二年四月，宋金刚果然因腹地受攻、粮草殆尽被迫撤军。李世民见时机已到，立即指挥唐军追击。追到高壁岭时，总管刘弘基劝李世民说："您率领大军追击敌人，到了这里，已经算是立了大功了。现在士兵们已经很疲劳，应当就地休息整顿，等粮草集结好，然后再继续追击敌人也来得及。"

李世民说："功业难于建立，却容易丢弃；良机难于得到，却容易失去。如今宋金刚被迫逃走，军心涣散，我们应当乘此良机击溃敌人。如果停止追击，宋金刚有了喘息整顿的机会，就会重新制定计谋，做好充分准备，那时就无法顺利进攻了。"唐军于是继续追敌。

唐军在雀鼠谷终于追上了宋金刚军。李世民指挥唐军勇猛杀敌，将宋金刚军杀得一败涂地。

刘武周、宋金刚在兵败后，都逃往突厥那里去了。李世民此时已有两天没沾食了，唐军的粮草也已基本上用光，军中只剩下一只羊，李世便同士兵们一起分而食之。

在此时，李世民虽然粮草断绝，但他利用自己的优势，乘胜打败了强大的敌人刘武周、宋金刚，不能不说是他把自己的优势用到了极致。

第六章　虚实篇

　　本篇论述用兵作战须采用"避实而击虚"的方针。避实击虚，虚破则实减。进攻者在选择作战目标、确定进攻路线和主攻方向时坚持避实击虚，作战行动就会顺利如庖丁解牛，游刃有余。战争中避实击虚的战例很多。

　　战国时期魏伐赵，赵请救于齐。齐威王使田忌为将军，孙膑做军师。田忌打算率领大军直奔赵国，孙膑说："夫解杂乱纷纠者不控捲，救斗者不搏击，批亢捣虚，形格势禁，则自为解耳。"这里的"批亢捣虚"即避实击虚。

　　怎样才能做到避实击虚呢？第一，要使我方处于主动地位，使敌方处于被动地位，把战争的主动权掌握在自己手里。善于用兵作战的人，能够设法调动敌人，而不被敌人所调动。第二，要出其不意，攻其不备，打击敌人兵力空虚之处。第三，要集中自己的兵力，并设法分散敌人的兵力，造成战术上的我多敌寡。

　　孙武指出，运用避实击虚的作战方针，要从分析敌情出发，而随着形势变化，因为战争过程中的多寡、强弱、攻守、进退等关系都处在急剧的变化之中，"故兵无常势，水无常形，能因敌变化而取胜者谓之神"。

| 孙子兵法 ■ ■ ■ ■

一、致人而不致于人

孙子曰：凡先处战地而待敌者佚❶，后处战地而趋战者劳❷。故善战者，致人而不致于人❸。

注释

❶凡先处战地而待敌者佚：处，占据。佚，即"逸"，指安逸、从容。此句意为在作战中，若能率先占据战地，就能使自己处于以逸待劳的主动地位。

❷后处战地而趋战者劳：趋，奔赶，此处为仓促之意；趋战，仓促应战。此句意为后处战地，仓促应战则疲劳被动。

❸致人而不致于人：致，招致、引来。致人，牵制敌人。致于人，为敌人所牵制。

解读

孙子说：凡是占据战场，等待敌人的就主动安逸，而后到达战场仓促应战的就疲惫被动。所以善于指挥作战的人，总是能够调动敌人而不被敌人所牵制。

感悟

孙子在这里提出争取战争主动权的思想。所谓"致人"，即调动敌

第六章 虚实篇

人,让敌人按照我的意图行事;而"致于人"则是指被敌人牵制行动。孙子指出,在战争中,最重要的一点便是要掌握战斗的主动权,没有主动权,便会陷入被动、消极防御甚至处处挨打的境地。克敌制胜的关键是主动,它贯穿了战争的全部过程。

明永乐八年(1410年)二月,成祖朱棣率50万大军亲征鞑靼,至兴和(今河北张北)。鞑靼诱明军深入,朱棣不为所动,下令休整,五月进至胪朐河,即今蒙古克鲁伦河中游南岸,鞑靼分为两支,本雅失里率一支西逃,知院阿鲁台率一支东遁,诱明军分兵。

孙子兵法

朱棣更不上当，置东路于不顾，集中兵力向西追歼本雅失里，追至兀儿扎河，即今蒙古勒吉河，不见踪影，乃留下辎重，亲率两万轻骑，携20日干粮急追，终于在斡难河（今鄂嫩河）南岸追上本雅失里，立即挥师出击，鞑靼军大败，仅本雅失里率数骑逃脱。

朱棣复率军返回胪朐河，乘胜东击阿鲁台。最后，阿鲁台不得不率家眷仓皇北逃。

二、能使敌人自至者

能使敌人自至者，利之也❶；能使敌人不得至者，害之也❷。故敌佚能劳之❸，饱能饥之，安能动之❹。

出其所不趋❺，趋其所不意。行千里而不劳者，行于无人之地也。攻而必取者，攻其所不守也；守而必固者，守其所不攻也。

注释

❶ 能使敌人自至者，利之也：利之，以利引诱。意为能使敌人自来，乃是以利引诱的缘故。

❷ 能使敌人不得至者，害之也：害，妨害、牵制。此意为能使敌人不得到达战地，乃是牵制敌人的结果。

❸ 劳之：劳，使之疲劳。

❹ 安能动之：意为敌若固守，我就设法牵动它。

❺ 所不趋：意为不可急往救援之地。

88

解读

能够使敌人自动进到我预定的地域，是由于用小利引诱的缘故；能够使敌人不能抵达其预定领域的，则是设置重重困难阻挠的缘故。敌人休整得好，就设法使他疲劳；敌人粮食充足，就设法使他饥饿；敌人驻扎安稳，就设法使他移动。

通过敌人不设防的地区进军，在敌人预料不到的时间，向敌人预料不到的地点攻击。进军千里而不疲惫，是因为走在敌军无人抵抗或无力抵抗的地区，如入无人之境。我进攻就一定会获胜，是因为攻击的是敌人疏于防守的地方。我防守一定稳固，是因为守住了敌人一定会进攻的地方。

感悟

只有通过"致人而不致于人"争取主动权，才能立于不败之地。而主动被动是以客观条件为基础的，兵力的多寡、武器的精莠、环境的利弊、军队的逸劳、士卒的饱饥都是决定主动和被动的因素。

将帅要善于利用优势条件，更要善于改变对己不利的形势，利用"使敌人自至者，利之也""使敌人不得至者，害之也"的方法，让敌人"佚能劳之，饱能饥之，安能动之"，由被动变主动，取得胜利。

三、故善攻者

故善攻者，敌不知其所守[1]。善守者，敌不知其所攻。微乎微乎，至

孙子兵法

于无形❷。神乎神乎，至于无声❸，故能为敌之司命❹。

注释

❶故善攻者，敌不知其所守。善守者，敌不知其所攻：此句为善于进攻的军队，使敌人不知该守何处，善于防守的军队，使敌人不知该进攻何处。

❷微乎微乎，至于无形：微，微妙。此句为虚实运用微妙至极，则无形可睹。

❸神乎神乎，至于无声：神，神奇、高妙。意为虚实运用神奇之至，则无声息可闻。

❹司命：命运之主宰。

解读

所以善于进攻的，能使敌人不知道该如何防守；善于防御的，能使敌人不知道该怎样进攻。微妙啊，微妙到看不出任何形貌！神奇啊，神奇到听不见丝毫声音！所以，这能够成为敌人命运的主宰。

感悟

孙子认为作战中，将帅要根据兵力的多寡，正确判断战争的形势，通过各种手段迷惑敌人，使敌人难以找到确切的战场和攻击方向，从而能使我军掌握主动，处于有利的地位。

《三国演义》中有这样一段故事：魏将陈泰守祁山时，蜀将姜维领兵来攻，每日放出5番哨马，或10里、15里而回，并不前来交战。邓艾登高瞭望，告诉陈泰说："姜维已不在此间，必是见我有备，率主力攻我侧后去了。"

陈泰惊问何故，邓艾说："你不见蜀兵哨马困乏，反复前来的都是这班人马，只不过换了旗号衣甲而已。"陈泰恍然大悟，又问蜀军主力指向何处？邓艾说："必是出董亭，径袭南安去了。"并告诉陈泰先敌抢占武城山，诱姜维攻取南安屯粮之所上邽，然后于段谷山险地窄处伏击蜀军。

结果姜维果然完全按照邓艾的判断行事，败退汉中。邓艾对战争情势变化反应之快、观察之透、判断之准，不得不叫人拍案称绝。难怪连智勇双全的姜维都碰在他的钉子上了，其可谓"善守者"。

四、攻其所必救

进而不可御者，冲其虚也❶；退而不可追者，速而不可及也❷。故我欲战，敌虽高垒深沟，不得不与我战者，攻其所必救也❸；我不欲战，画地而守之❹，敌不得与我战者，乖其所之也❺。

注释

❶ 进而不可御者，冲其虚也：御，抵御。冲，攻击、袭击。虚，防备空虚之处。此句意为我军进击而敌无法抵御，是由于攻击点正是敌之虚懈处。

❷ 退而不可追者，速而不可及也：速，迅速。及，赶上、追上。句意为为我军后撤而敌不能追击，是由于我后撤迅速，敌追赶不及。因此，撤退的主动权也操于我手。

孙子兵法

③我欲战……攻其所必救也：必救，必定救援之处，喻利害攸关之地。此句意为由于我已把握了战争的主动权，故当我欲与敌进行决战时，敌不得不从命。之所以如此是因为我所选择的攻击点，正是敌之要害处。

④画地而守之：画地而守，即据地而守，喻防守颇易。

⑤乖其所之也：乖，违、相反，此处有改变、调动的意思。之，往、去。句意为牵动敌人，将其引往他处。

解读

进击而使敌人无法抵御，是由于击中敌军懈怠空虚的地方；撤退而使敌人不来追击，是因为行动迅速而使敌人追赶不及。所以我军求战时，敌人即使高垒深沟也不得不出来与我交锋，这是因为我们攻击了敌人所必救的地方；我军不想作战时，驻扎一个地方防守，敌人也无法同我作战，这是因为诱使敌人改变了进攻方向。

感悟

孙子在此论述了如何在战争中牢牢抓住战与不战的主动权，随机应变。"攻其所必救"是掌握战争主动权的重要手段，它要求将帅要善于攻击敌方要害，或断其粮草，或占其后路，从而调动敌方军队，为己方造成有利的态势，把难击之敌变为易攻之敌。

公元前353年，魏国以庞涓为将，率兵8万伐赵，很快打到了赵国首都邯郸，赵国抵挡不住，遣使向齐国求救。齐威王命田忌为大将、孙膑为军师，率兵8万救赵。

刚开始，田忌主张直接进军邯郸与魏军主力决战，配合赵国里应外合

第六章 虚实篇

夹击魏军。可是,孙膑认为不可与魏军死打硬拼。田忌不解地问:"赵国邯郸危在旦夕,除了直接前去解救之外,还有更好的办法吗?"

孙膑说:"现在魏国的精兵强将都调到了邯郸城下,国内只剩些老弱残兵。我们可以直接攻打魏国国都大梁,乘虚而入,庞涓必然率军回救,自动撤离邯郸,这样,既可解邯郸之危,又可乘魏军回救疲劳之际狠狠攻击之,岂不一举两得吗?"

田忌听后,连声赞叹:"好计,好计!"立刻改变计划,直扑大梁。

庞涓听到这个消息,心急如焚,立即撤军回救。魏军长期攻城作战,此时又长途回奔,人困马乏,疲劳不堪。当行至桂陵之时,又遭齐军伏击,几至全军覆没。

孙子兵法

五、故形人而我无形

故形人而我无形①，则我专而敌分②；我专为一，敌分为十，是以十攻其一也③，则我众而敌寡；能以众击寡者，则吾之所与战者，约矣④。

吾所与战之地不可知，不可知，则敌所备者多；敌所备者多，则吾所与战者，寡矣。

注释

① 故形人而我无形：形人，使敌人现形。形，此处作动词，显露的意思。无形，即不显露形态、隐蔽真形的意思。

② 我专而敌分：我"专一"而敌分散，这里的专一是集中的意思。

③ 是以十攻其一也：指我在局部上对敌拥有以十击一的绝对优势。

④ 吾之所与战者，约矣：约，少、寡。此句意为能以众击寡，则我欲进击之敌必定弱小有限。

解读

要使敌人暴露而我军隐蔽，这样，我军兵力就可以集中而敌人兵力却不得不分散。我们的兵力集中在一处，敌人的兵力如散在十处，这样，我们就能以十倍于敌的兵力去进攻敌人了，因而造成我多而敌寡的有利态势。如果能做到集中优势兵力攻击劣势的敌人,那么同我军正面交战的敌人也就有限了。

敌军不知道我军所预定的战场在哪里,就会处处分兵防备,防备的地方越多,能够与我军在特定的地点直接交战的敌军就越少。

感悟

"形人而我无形,则我专而敌分",这是孙子提出的如何在全局上以少胜多、在战斗中以多胜少的重要理论。这个理论的基础、前提和手段,就是"形人而我无形"。"形人",就是广泛用"示形"的手段迷惑敌人,使敌情充分暴露,并被我所掌握;"我无形",就是通过"示形"而以假象迷惑敌人,把自己的真情隐蔽得不露痕迹,使敌人无从了解我的真实意图。孙子认为,做到这两点,便可以达到"我专而敌分""我专为一,敌分为十"的目的。

孙子在此还提出了集中兵力歼灭敌军的问题。孙子认为,将帅要擅长将己方分散的兵力集中,并利用计谋分散敌军的兵力,削弱他们的实力,造成以多击寡的优势,"以十攻其一""我众而敌寡",这样,胜利也就能顺理成章了。

六、故备前则后寡

故备前则后寡,备后则前寡,备左则右寡,备右则左寡,无所不备,则无所不寡[1]。寡者,备人者也[2];众者,使人备己者也[3]。

孙子兵法

注释

❶ 无所不备，则无所不寡：即言如果处处设防，必然是处处兵寡力弱，陷入被动。

❷ 寡者，备人者也：言兵力之所以相对薄弱，在于分兵备敌。

❸ 众者，使人备己者也：意为兵力之所以占有相对优势，是因为迫使对方分兵备战。

解读

防备了前面，后面的兵力就薄弱；防备了后面，前面的兵力就薄弱。防备了左边，右边的兵力就薄弱；防备了右边，左边的兵力就薄弱。处处加以防备，就处处兵力薄弱。兵力之所以薄弱，是因为处处分兵防备；兵力之所以充足，是因为迫使对方处处分兵防备。

感悟

孙子认为在作战中要善于隐蔽自己，而让敌人难以判断我方优势兵力的具体位置，从而多方防备，使兵力分散，此即"无所不备，则无所不寡"。如此一来，就算敌人的兵力再多，也无法取胜，而我方便可以众击寡，一举突破。

随着蒙古日益强大，金朝逐步加强了北部边境的防御。修筑堡寨，派兵戍守。金朝处处备边，以为可以阻止蒙古骑兵全线侵扰。元太祖六年二月，成吉思汗侦悉金朝边防部署不严的情况后，率十万人马南征。

四月蒙军取大水泺（今内蒙古商都南）、丰利（今尚义县境内）等地。后因天气炎热，蒙军不适，遂暂停进攻。金帝得知蒙军大举南犯，恐惧异常，定州刺史赵秉文建议派一军袭击蒙古腹地，使蒙军有后顾之忧，迫其撤军而还，但金帝并未采纳。七月，经过休整后的蒙军，趁着秋高马肥，朝东南进军。蒙军以众击寡，势如破竹，直逼中都（今北京）城下，金军非降即逃。

七、故知战之地

故知战之地，知战之日❶，则可千里而会战。不知战地，不知战日，则左不能救右、右不能救左，前不能救后、后不能救前，而况远者数十里，近者数里乎❷？以吾度之❸，越人之兵虽多，亦奚❹益于胜败哉？故曰：胜可为也。敌虽众，可使无斗❺。

注释

❶ 故知战之地，知战之日，则可千里而会战：如能预先了解掌握战场的地形条件与交战时间，则可以赴千里与敌交战。

❷ 不知战地……近者数里乎：若不能预先知道战场的条件与作战之时，则前后左右无暇相顾，不及相救，何况作战行动往往是在绵延数里甚至数十里方圆范围内展开的。

❸ 以吾度之：以我的判断。度，推测、判断。

❹ 奚（xī）：疑问词，"何"的意思。

❺ 无斗：无法与我战斗。

孙子兵法

解读

所以，如能预知交战的地点和时间，即使跋涉千里也可以去和敌人会战。而若不能预知在什么地方、时间交战，则会导致左翼救不了右翼、右翼救不了左翼，前不能救后、后不能救前的情况，何况想要在远达数十里，近在数里的范围内做到应付自如？依我对吴国所做的分析，越国虽然兵多，但对他的胜利又有什么帮助呢？所以说，胜利是可以造就的。敌兵虽多，还是可以使他们失去战斗力。

感悟

孙子在这里提出了"胜可为"的作战原则，即在作战中发挥指挥者的主观能动性，使形势朝对我方有利的方面转移。优秀的将帅可以根据战场的形势，分析敌我双方的情况，预知交战的时间、地点，并明白应该在何时、何地交战才能掌握主动，获得胜利。

因此，胜利是可以争取的，只要具备一定的客观条件，发挥主观能动性，因势利导，就能夺取胜利。

公元前204年的韩信破赵之战就是韩信利用自己的智慧争取来的胜利。当时赵王歇和陈余率领20万大军，占据井陉口（今河北井陉西北）的有利地形，决定"不用诈谋奇计"，只待韩信所率的数万汉军越过井陉口时，就乘势将其围歼。针对赵军的这个"形"，韩信大胆地越过井陉口，并不顾兵家大忌，来了个背水列阵，引诱赵军倾巢出动来围攻，同时暗派两千轻骑兵偷袭赵营。结果正当赵军全力围攻韩信时，却发现自己的营垒已被汉军占领，顿时战心全失，阵形立即发生混乱。于是韩信乘乱反击，全歼赵军，斩杀陈余，追擒赵王歇，一举灭赵。

八、策之而知得失之计

故策之而知得失之计❶,作之而知动静之理❷,形之而知死生之地❸,角之而知有余不足之处❹。

注释

❶ 策之而知得失之计:策,策度、筹算。意为我当仔细筹算,以了解判断敌人作战计划之优劣。

❷ 作之而知动静之理:作,兴起,此处指挑动。动静之理,指敌人的活动规律。意为挑动敌人,借以了解其活动的一般规律。

❸ 形之而知死生之地:形之,示形于敌。死生之地,指敌之优势或薄弱环节、致命环节的所在。地,同下"处",非实指战地。意为以示形于敌的手段,来了解敌方的优劣环节。

❹ 角之而知有余不足之处:角,量、较量。有余,指实、强之处。不足,指虚、弱之处。意为要通过对敌做试探性的较量,以掌握敌人的虚实强弱情况。

解读

所以要通过认真的筹算,来分析敌人作战计划的优劣得失;要通过挑动敌人,来了解敌人的活动规律;要通过佯动示形,来试探敌人生死命脉的所在;要通过小型交锋,来了解敌人兵力的虚实强弱。

孙子兵法

感悟

　　这是孙子关于"知彼"的论述。作战者要通过"策之""作之""形之""角之"各种手段来探悉敌情,"知"敌的强弱虚实,找出要害之处,了解强弱虚实,掌握活动规律,以有利于我军制订相应的作战计划。

　　在军事战斗中,为了弄清敌人的虚实,或使敌人的火力布防暴露,或引开敌人的兵力、火力,常以假的、小的行动对敌进行试探,看敌人作何反应,然后采取相应对策,以达到自己的目的。

　　《东周列国志》第五十六回记载:公元前589年,晋景公拜郤克为中军大将,率领800辆兵车向齐国进攻。鲁国季孙行父、卫国孙良夫、曹国公子首,也各自带来兵马前来会合。齐顷公得知四国出兵入侵,心里甚为恐慌。

　　他派高固、国佐为大将,挑选500辆兵车,行500余里,到鞍地扎下营寨。齐顷公遣使前往请战,约定明日决斗。这时,大将高固对齐顷公说:"齐晋从未交过兵,不知晋军之勇怯和晋营虚实,我愿前往探之。"乃亲驾单车,径入晋营之中。

　　恰在这时,晋军中有一末将乘车自营门出,高固立即计上心来,弯身从路边取一块石头,恰中其头,倒于车中,御人皆畏而去。高固乘机腾身跃入晋车之上,脚踹晋将,手挽辔索,绕晋营巡走,然后驰还齐营。晋军觉察后逐之,为时已晚。

　　高固对齐顷公说:"晋军虽众,但能战者少,不足畏也。"次日,齐顷公亲自披甲出阵,领兵与晋军交锋,以少胜多,大败晋军。

　　西汉时期,黥布作乱。汉高祖刘邦问薛公:"黥布将采取何种战略?"

第六章 虚实篇

薛公说:"黥布若出上策,山东非汉所有;出中策,胜负未可知;出下策,陛下可高枕而卧。"

高祖问:"什么是上、中、下策呢?"薛公说:"东取吴,西取楚,并齐取鲁,传檄燕赵,此上策也;东取吴,西取楚,并韩取魏,据敖仓之粟,塞成皋之口,此中策也;东取吴,西取下蔡,身归长沙,此下策也。"

高祖问:"黥布可能采取哪一种策略呢?"薛公答:"黥布眼光短浅,必出下策。"结果,不出薛公所料,黥布出下策,迅速为高祖所平定。

孙子兵法

九、应形于无穷

故形兵之极,至于无形❶。无形,则深间不能窥,智者不能谋❷。因形而措胜于众,众不能知;人皆知我所以胜之形,而莫知吾所以制胜之形。故其战胜不复,而应形于无穷❸。

注释

❶ 故形兵之极,至于无形:形兵,指军队部署过程中的伪装佯动。示形于敌的最高境界是没有形态,使敌人无法捉摸。

❷ 深间不能窥(kuī),智者不能谋:间,间谍。深间,指隐藏极深的间谍。窥,刺探、窥视。表示佯装达到至高境界,则敌之深间也无从推测底细,聪明的敌人也束手无策。

❸ 应形于无穷:应,适应。形,形状、形态,此处指敌情。

解读

所以当佯动示形进入最高的境界,就再也看不出什么迹象和形态了。那么,即使是深藏的间谍也窥察不了底细,老谋深算的敌人也想不出对策。

人们只能知道我用来战胜敌人的办法,却无从知道我是怎样运用这些办法出奇制胜的。所以每一次胜利,都不是简单的重复,而是根据不同的情况变化无穷。

第六章　虚实篇

感悟

孙子还提出"战胜不复"的军事思想，主张根据不同的形势灵活用兵。需因形制胜，因形取胜，这要求将帅不能墨守成规，拘泥于某一种形势。作战的方法多种多样，这次用此作战方案获得了成功，但在下一次却未必适用。因此，应该根据战场的具体情况制订相应的作战方案，根据不同的敌人采取不同的措施，灵活机动，"因形""应形"来做出正确的判断。

李愬，字符直。洮州临潭县（今甘肃省临潭县）人。唐朝中期名将，西平郡王李晟第八子。李愬有谋略，善骑射。历官卫尉少卿、太子右庶子、太子詹事及坊、晋二州刺史等职。

唐宪宗元和十一年，即公元816年，李愬出任唐邓节度使，参与讨伐割据淮西的吴元济叛乱，于次年（817年）雪夜袭蔡州，生擒吴元济，平定淮西。事后诸将不解，问他："起初，你败于朗山为何不忧？在吴房本可以获胜，为什么又放弃？何以顶着大风雪孤军深入敌后的蔡州？我们都不大明白。"

李愬回答说："朗山失利，可以使敌人骄纵松懈，轻视我们，表面上失败，实则麻痹了敌人；吴房本可以占据，但那样会使敌人逃奔蔡州，联兵固守，所以故意放弃，意在分散敌人兵力；大风雪则有利于我军隐蔽，使敌人难以知道我军形态；而深入敌后，使将士都抱着决一死战的决心，奋勇拼杀。我是看到远处才不看近处，想到了大局才不计小事，如果因小胜而骄、小败而恼，必自挫自败，岂能有大的成功？"

言罢，大家都佩服至极。这不是故弄玄虚，而是缜密的测算、高深的谋略、卓越的指挥的结果。

十、避实而击虚

夫兵形象水❶,水之形,避高而趋下;兵之形,避实而击虚❷。水因地而制流,兵因敌而制胜❸。故兵无常势,水无常形❹,能因敌变化而取胜者,谓之神❺。故五行❻无常胜,四时无常位❼,日有短长❽,月有死生❾。

> 注释

❶兵形象水:此言用兵的法则就如同水的运动规律一样。兵形,用兵打仗的方式,亦可理解为用兵的法则。

❷兵之形,避实而击虚:即用兵的原则是避开敌人坚实之地,攻击其空虚薄弱的地方。

❸水因地而制流,兵因敌而制胜:制,制约、决定。制胜,制伏敌人以取胜。此句意为水之流向受到地形高低不同的制约,作战中的取胜方法则依据敌情不同来决定。

❹兵无常势,水无常形:即用兵打仗无固定刻板的态势,似流水并无一成不变的形态。势,态势。常势,固定永恒的态势。常形,一成不变的形态。

❺能因敌变化而取胜者,谓之神:意为若能依据敌情变化而灵活处置以取胜,则可视之为用兵如神。

❻ 五行：指金、木、水、火、土五种物质。中国古代思想家用五行说明世界万物的起源。

❼ 四时无常位：春夏秋冬四季相继更换，没有哪一个季节是固定不移的。

❽ 日有短长：太阳照耀大地的时间有长有短。

❾ 月有死生：指月亮有阴晴圆缺的变化。

解读

　　用兵的法则就像流水的属性，是避开高处而流向低处；行军作战的原则是避开敌人坚实之处而攻击其弱点。水因地形的高低而制约其流向，作战则根据不同的敌情而制定取胜的策略。

　　所以，用兵打仗没有固定刻板的态势，正如水的流动不会有一成不变的形态一样，如果能够根据敌情变化而灵活机动取胜，就可以叫作用兵如神。金、木、水、火、土这五行相生相克，没有哪一个常胜；四季相继相代，没有哪一个固定不移，白天的时间有长有短，月亮有圆也有缺。万物皆处于流变状态。

感悟

　　孙子在这里论述了"因敌而制胜"的军事原则，指出作战者如果能善于运用计谋，用兵出神入化，才是最高明的。孙子认为"兵无常势，水无常形"，打仗用兵没有固定的模式，虚虚实实，真真假假，这就是"兵无常势"之计。"空城计"就是此计的最佳展现，它利用了对方既成的心理定式，将空虚暴露于敌，使敌方难以揣摩，而在犹豫不决中丧失战机，不战自败。

孙子兵法

公元263年，魏将钟会攻蜀，蜀将姜维凭险死守剑阁，即今四川剑阁县东北。钟会久攻不克，寸步难移。邓艾遂率军从甘肃、四川间的阴平抄小路绕过剑阁，行经荒无人烟的山岭，凿山开路，架设便桥，攀缘山崖树木。

由于蜀军认为魏军不会由此进攻，所以并未设防，因此魏军沿途未遇"一夫当关"。最后，魏军出敌不意地突然到达江油（今四川江油市东），迫使蜀军将士投降后，再迅速挺进成都，灭了蜀国。

武德四年（621年）八月间，唐军自夔州（今四川奉节）出发，进攻江陵。时值秋季，江水上涨。一些将领要求等江水退落后再进军。

李靖说："兵贵神速。现在我们的军队刚刚集中，萧铣尚未得知，如能乘江水上涨之机，顺流而下，迅速抵其城下，便可攻其不备，一举获胜。"李孝恭采纳了李靖的意见，遂发战舰2000艘顺江东下，向江陵进军。

一路上，唐军顺利攻下沿江萧铣所占据点，九月到达夷陵。驻守清江的萧铣闻讯，大为惊慌，匆忙下令征集江南士兵抵抗。但由于交通不便，江南士兵一时到达不了，萧铣便把江陵附近所有兵力集中起来，对付唐军。

李孝恭急于出兵攻打江陵城，李靖劝阻说："萧铣的兵力，是为援救失败之师而集中起来的，其势不能持久，我们不如暂时停泊南岸，等他们兵力分散后，再发动进攻，就容易取得胜利。"

孝恭不听。他让李靖留守营寨，自己率军出战，果然被打败。这时，萧铣士卒用船抢着收集唐军战败留下的军用物资，非常混乱。李靖看到攻击的时机已到，遂命令部队出击，终于大败萧铣军。

第七章　军争篇

　　本篇论述如何争夺制胜的有利条件，使自己掌握作战主动权的问题。谁能在战争中占领有利的地势，掌握有利的战机，就能形成有利于自身作战的形势。孙子在此篇中提出了"以迂为直"的迂制之计，强调在战争中"后人发，先人至"的思想。

　　怎样才能在作战中掌握主动权呢？孙武认为：

　　首先，必须了解各诸侯国的政治动向，必须熟悉地形，必须使用向导，做到情况明朗。

　　其次，必须行动统一，步调一致，做到"其疾如风，其徐如林，侵掠如火，不动如山，难知如阴，动如雷震"，"勇者不得独进，怯者不得独退"。

　　第三，要求指挥正确，机动灵活，"避其锐气，击其惰归"。

　　第四，要针对敌人的心理状况而采取相对应的措施，其作战原则是"以治待乱，以静待哗""以近待远，以逸待劳，以饱待饥"。

　　第五，"兵不厌诈"，在战争中要把握主动，争取胜利，就要善于利用巧妙的变化，虚虚实实，真真假假，采用各种计谋，使敌人难以了解己方的真实意图，然后出奇制胜，取得胜利。

　　只有做到以上几点，才能在战争中处于有利的位置。

孙子兵法

一、后人发，先人至

孙子曰：凡用兵之法，将受命于君，合军聚众❶，交和而舍❷，莫难于军争❸。军争之难者，以迂为直❹，以患为利。故迂其途，而诱之以利❺，后人发，先人至❻，此知迂直之计者也❼。

注释

❶ 合军聚众：指聚集众兵，组成军队。

❷ 交和而舍：指两军营垒对峙的意思。交和，两军相对。舍，驻扎，舍营。

❸ 军争：两军争利，指争取对于作战有利的地形、地势等条件，即争取主动地位。

❹ 以迂为直，以患为利：迂，曲折、迂回。直，近便的直路。意为将迂回的道路变成直达的道路，把不利的（害处）变为有利的。

❺ 故迂其途，而诱之以利："其""之"均指敌人。迂，此处当作动词。前句就我军而言，此句就敌军而言。军争时既要使自己"以迂为直，以患为利"，也要善于使敌方以直为迂，以利为患。而要达到此一目的，在于以利引诱敌人，使其行迂趋患，陷入困境。

❻后人发，先人至：比敌人后出动，却先抵达将要争夺的要地。

❼此知迂直之计者也：知，这里是掌握的意思。计，方法、手段。

解读

孙子说：用兵的原则，将领接受君命，从召集军队，安营扎寨，到开赴战场与敌对峙，没有比率先争得制胜的条件更难的事了。争夺制胜条件最困难的地方，在于要把迂回的弯路变为直路，要把不利的条件转化为有利的。同时，要使敌人的近直之利变为迂远之患，并用小利引诱敌人，这样就能比敌人后出动而先抵达必争的战略要地，这就是掌握了以迂为直的方法。

感悟

在战争中如果能抢先占领有利的地势，掌握有利的战机，就能形成有利于我方作战的形势。孙子采用逆向思维的方式，提出了"以迂为直"的迂制之计，强调在战争中"后人发，先人至"的思想。

所谓远而虚者，是指如果敌人没有防备，我方易进易行、灵活机动、费时少，就会成了实际上的近者；至于近而实者，是指如果敌人有了防备，我方反而难进难行、缺乏机动、费时多，如此就成了实际上的远者。

因此，在战场上要善于分析形势，敢于打破常规，这样才能收到意想不到的效果：比敌人后出动而先到达，变不利为有利。

战国赵惠文王二十九年，也就是公元前270年，秦加速向中原推进，包围了赵国要地阏与城，双方相持不下。廉颇、乐乘皆认为不可救。赵王命赵奢为主将，领大军救援。赵奢领大军在离邯郸30里处驻扎，并下令："凡谈军事，下令进兵者，立即处死。"从此无论秦军怎样叫战，赵奢就是坚壁不出。

当时赵国军中有一军吏擅自言战，被斩。28天后，赵军加筑一道工事，秦国派人来刺探军情，赵奢盛情款待。秦将认为，赵奢驻军不前，意在增垒防守，而非救援。赵奢趁秦军松弛守备之后，立即下令前去解救阏与城之围。赵军连夜兼程，隐蔽地穿越秦军营地，历时一天一夜赶到阏与城。

赵奢命善射的士兵在阏与城外50里的地方扎营，又采用部下许历的建议，占领阏与北山。待秦军一到，赵军内外夹攻，秦军人仰马翻，伤亡惨重。秦将胡阳见士卒丧失斗志，便下令撤军。

二、军争为利,军争为危

故军争为利,军争为危。举军而争利,则不及❶;委军而争利,则辎重捐❷。是故卷甲而趋❸,日夜不处❹,倍道兼行❺,百里而争利,则擒三将军❻。劲者先,疲者后,其法十一而至。五十里而争利,则蹶上将军,其法半至;三十里而争利,则三分之二至。

注释

❶ 举军而争利,则不及:举,全、皆。率领装备辎重的军队前去争取先机则不能按时到达。不及,不能按时到达预定地点。

❷ 委军而争利,则辎重捐:委,丢弃、舍弃。辎重,军用物资的装载,包括军用器械、营具、粮秣、服装等。捐,弃、损失。此句意谓如果丢下一部分军队去争利,则装载之军用物资将会受到损失。

❸ 卷甲而趋:卷,收、藏的意思。甲,铠甲。趋,快速前进。意谓卷甲束杖急速进军。

❹ 日夜不处:处,停止、休息。白天晚上都不休息。

❺ 倍道兼行:指以加倍的行程昼夜不停地连续行军。

❻ 擒(qín)三将军:擒,俘虏、擒获。三将军,三军的将帅。此句意为若奔赴百里,一意争利,则三将的将领会成为敌之俘虏。

孙子兵法

解读

军争不但有不顺利的一面，同时也有危险的一面。如果全军携带满载的军用物资去争利，就无法按时抵达预定地域；如果丢下部分军队前去争利，则装载的军用物资将会受到损失。

卷甲急进，白天黑夜不休息地急行军，奔跑百里去争利，则三军的将领有可能会被俘获。健壮的士兵能够先到战场，疲惫的士兵必然落后，只有十分之一的人马如期到达；强行军五十里去争利，先头部队的主将必然受挫，而军士一般仅有一半如期到达；强行军三十里去争利，一般只有三分之二的人马如期到达。

感悟

任何事物都有有利和不利两个方面，利与弊在事物的发展过程中始终是交织在一起的。孙子说"军争为利，军争为危"正是这种辩证思想的体现。如果万事俱备，可能会影响军事行动的迅捷；如果轻装前进，就不得不扔掉大量的装备，两者均有得失。

三、是故军无辎重则亡

是故军无辎重则亡❶，无粮食则亡，无委积则亡❷。

故不知诸侯之谋者，不能豫交❸；不知山林、险阻、沮泽❹之形者，不能行军；不用乡导❺者，不能得地利。

第七章　军争篇

注释

① 军无辎重则亡：军队没有随行的兵器、器械则不能生存。
② 无委积则亡：委积，指物资储备。军队没有物资储备做补充，亦不能生存。
③ 豫交：与诸侯结交。"豫"通"与"，参与的意思。
④ 沮（jù）泽：有水草的河沼地带。
⑤ 乡导：同向导。给军队带路的人。

解读

须知军队没有辎重就会失败，没有粮食就不能生存，没有物资储备就难以为继。

所以不了解诸侯各国的图谋，就不要和他们结成联盟；不知道山林、险阻和沼泽的地形分布，不能行军；不使用向导，就不能掌握和利用有利的地形。

感悟

孙子在这里深刻揭示了战争对后方供应的依赖性。辎重、粮食、物资主要是靠生产经营而来，越国范蠡提倡经商，齐国管仲兴办盐业，汉晁错收盐铁之利，刘邦苦苦经营汉中积累财帛，诸葛亮广取织锦之益，都是为军队准备充足的物资供应，以保障战争的胜利。从另一方面而言，破坏敌方的物资基础，也是保证我方胜利的重要因素之一。

隋文帝杨坚，为灭南陈，将战争划分为军事及物资两个阶段进行。首先进行物资战，即每逢南陈播种或收获季节，就出动少量隋军佯装进攻，让南陈军民放下农具，拿起武器，准备战斗。等南陈准备好了，隋军又立即撤走。而南陈由于耽误了播种和收获，粮产大大减少，加上战备，又消耗了器械及储备物资。

连续7年，南陈的财物消耗殆尽，全民陷于食无粮、穿无衣、用无器械的困境，而隋在这7年间积极发展生产，加强战备，兵精粮足。公元589年初，隋大举进攻南陈，仅仅用了4个月的时间，就将南陈灭亡了。

四、故兵以诈立

故兵以诈立❶，以利动❷，以分合为变者也。

注释

❶兵以诈立：立，成立，此处指成功。
❷以利动：利，好处、利益。

解读

所以用兵打仗必须依靠多变的计谋以争取成功，依据是否有利来决定自己的行动，而按照分散或集中兵力的方式来变换战术。

感悟

"兵不厌诈"，孙子认为在战争中要把握主动，争取胜利，就要善于利用巧妙的变化，虚虚实实，真真假假，采用各种计谋，使敌人难以了解

第七章　军争篇

我方行动的真实意图,然后出奇制胜,取得胜利。

孙膑减灶灭庞涓就是一个兵不厌诈的例子。公元前342年,魏国以强欺弱,妄图称霸,发兵攻打韩国。当时,韩国是个弱小国家,敌不过实力雄厚的魏国,只得向齐国求救。齐宣王听了韩国的求救后,便立即派大将军田忌、孙膑二人率领大军去救韩国。足智多谋的军事家孙膑想出一条妙计,他率领的大军,没有去韩国助战,而是直接攻打魏国。

魏国攻打韩国的军队,由大将庞涓带领,已打进韩国,庞涓立足未稳,就接到国王的急令,要他立即带兵回国,抵抗田忌和孙膑。庞涓便迅速掉转头,又日夜兼程赶回魏国。

庞涓赶回后,侦察了一下齐军的军情,发现齐军已在魏国边境上安营扎寨,占了很大一片土地,到处是齐军的做饭炉灶,一数之下,足够10万士兵吃饭,庞涓吓得直打哆嗦,不敢轻举妄动。

孙膑得知庞涓率领的人马从韩国赶回,又刺探过齐军的军情,便故意后退。第二天,庞涓带领大军赶到齐军扎营的地方,数了数炉灶,只能供5万人马吃饭了。

第三天,齐军又后退,庞涓再追赶,他们追到齐军扎营的地方,仔细数了数炉灶,只可供3万人马吃饭了。庞涓这才松了口气,十分欣喜地说:"我早就知道齐军胆小如鼠,不敢与我交战。我10万魏军才赶回三天,齐军倒逃跑大半。"

庞涓麻痹轻敌,只带领一支精兵,连夜追击齐军。一直追到马陵(今河北大名县东南)时,天色渐渐黑下来了。

孙膑根据庞涓的追赶速度,判定魏军在天黑之后进入马陵。于是,将弓弩手数万人埋伏在马陵道两旁,随时歼灭魏军。

庞涓的军队追到马陵道上,忽然,前面士兵报告说:"大将军,前面山道都给树干挡住了！"庞涓上前一看，果然路两旁的大树全被砍倒了，横七竖八地堆在路上，路边只留下一棵大树没有砍，不过树皮已被剥光，上面隐约写着一行字，庞涓连忙叫兵士点火，趁着火光，只见那白白的树干上写的是："庞涓死于此树下。"

庞涓大吃一惊，知道上了当，连忙下令撤退，这时，齐军一齐向魏军放箭，一时间万箭齐射，杀声震天，魏军被全部歼灭。

原来，这是孙膑设下的巧计，他故意天天减灶来使庞涓麻痹轻敌，引诱魏军追赶，又设下埋伏圈，只待大树下火光一亮，就开始反击。庞涓走投无路，拔出剑来自刎了。

五、故其疾如风

故其疾如风，其徐如林；侵掠如火❶，不动如山；难知如阴❷，动如雷震。掠乡分众❸，廓地分利❹，悬权❺而动。先知迂直之计者胜，此军争之法也。

注释

❶ 侵掠如火：进攻敌人时，像燎原烈火，猛不可当。

❷ 难知如阴：荫蔽难测。

❸ 掠乡分众：分兵掠夺城邑。

❹ 廓（kuò）地分利：开拓疆土，分守利害。

❺ 悬权：秤锤悬秤杆上，在此指衡量。

第七章 军争篇

解读

所以，军队行动迅速时就像疾风骤起，行动舒缓时就像林木森然不乱；攻击敌人时像烈火，实施防御时像山岳；隐蔽时如同浓云蔽日，冲锋时如迅雷不及掩耳。要分兵掳掠敌方的乡邑，要分兵扼守要地，以扩展自己的领土，并权衡利害关系，然后伺机而动。懂得以迂为直方法的将帅就能取得胜利，这是争夺制胜的原则。

感悟

孙子于此再次强调了懂得迂直之计的重要性。在战争中，无论采取哪种行动战略，关键是分清形势，权衡利弊，在充分分析形势的基础上，采取果断的行动，以迂为直，以退为进，从而取得战争的胜利。在实际的战争行动中，我们通常牺牲较小的利益而获得更大的主动与胜利。

六、三军可夺气

《军政》曰："言不相闻❶，故为金鼓❷；视不相见❸，故为旌旗。"夫金鼓、旌旗者，所以一人之耳目也。人既专一，则勇者不得独进，怯者不得独退，此用众之法也。故夜战多火鼓，昼战多旌旗，所以变人之耳目也。

故三军可夺气❹，将军可夺心❺。

孙子兵法

注释

① 言不相闻：说话听不见。言，说，说话。
② 金鼓：古代军队行军作战时，命令军队行动与进攻就打鼓，即鸣鼓而攻，而命令军队停止或退回就击钲，即鸣金收兵。
③ 视不相见：看不清或看不见。视，看。
④ 夺气：挫败锐气。
⑤ 将军可夺心：动摇敌将之心。

解读

《军政》说："在战场上用语言来指挥，听不清或听不见，所以设置了金鼓；用动作来指挥，看不清或看不见，所以用旌旗。"金鼓、旌旗，是用来统一士兵的视听，统一作战行动的。既然士兵都服从统一指挥，那么勇敢的将士不会单独前进，胆怯的也不会独自退却。这就是指挥大军作战的方法。所以，夜间作战，要多处点火，频频击鼓；白天打仗要多处设置旌旗。这些是用来扰乱敌方的视听的。

对于敌人的军队，可以使其士气低落；对于敌军的将帅，可以使其决心动摇。

感悟

这是孙子关于心理战的论述。孙子认为挫败敌军士卒的士气，动摇敌军将领的决心，是克敌制胜的关键所在。拿破仑曾这样说过："一支军队的实力，四分之三是由士气构成的。"战争不仅仅是武力的角逐，也是士气和军心的较量，一支军心涣散的部队是没有战斗力的。所以，孙子强调

第七章 军争篇

要善于利用各种心理攻势对敌人施加压力,瓦解其士气,动摇其军心,先从心理上打败他,使其丧失战斗力。项羽兵败垓下,其中一个重要原因,也是楚军士气丧失,军无斗志造成的。

汉高祖五年(公元前202年)冬,刘邦封韩信为齐王、彭越为梁王,合兵30万,围项羽于垓下。时值隆冬,北风肆虐,楚军将士挨饥受冻,多有怨言。这时,张良使人唱出凄凉的楚歌,并伴有哀戚的箫声。

楚军听罢,思念家乡父母妻儿,个个潸然泪下,于是将士厌战,东逃西散,连跟随项羽多年的季布、钟离昧也都暗中离去了。随侍项羽的虞姬怆然起舞:"汉兵已略地,四方楚歌声;大王意气尽,贱妾何聊生。"唱罢,挥剑自尽。一时军心大乱。项羽向南突围至乌江边,被汉军追上,自刎而死。是楚歌夺去了楚军的士气,加速了楚军的灭亡。

孙子兵法

七、善用兵者，避其锐气

是故朝气锐，昼气惰，暮气归。故善用兵者，避其锐气，击其惰归❶，此治气者也❷。

注释

❶避其锐气，击其惰（duò）归：避开士气旺盛之敌，打击疲劳沮丧、士气衰竭之敌。
❷此治气者也：治，此处作掌握解。意为这是掌握运用士气变化的通常规律。

解读

敌人早期初至，其气比盛；陈兵至中午，则人力困倦而气亦怠惰；待至日暮，人心思归，其气益衰。所以善于用兵的人，总是先避开敌人初来时的锐气，而等到敌人士气懈怠衰竭时再去攻击他，这是掌握运用军队士气的方法。

感悟

士气是一支军队精神和意志的集中体现。旺盛的士气是影响军队战斗力的主要因素。

因此，孙子认为善于用兵打仗的将帅，要避开敌军士气最盛的时候，

第七章 军争篇

而在敌人士气衰竭的时候展开攻势,这样才能使自己处于有利的地位。

春秋时期的鲁庄公十年(公元前684年),齐国军队攻打鲁国。鲁庄公准备迎战,这时,鲁国有一个叫曹刿的人请求拜见鲁庄公。

鲁庄公是一个有德君主,他听说战前有人要见他,认为一定有要事,所以急忙召见。曹刿进来后,先向鲁庄公行了礼,然后询问作战的理由。

鲁庄公说:"衣食这一类养生的东西,我从来不敢独自专有,一定把它们分给身边的大臣。"意思是作为君主,心中不是仅仅有自己,还有身边的人。

曹刿说:"这种小恩小惠不能遍及百姓,老百姓是不会顺从您的指挥,真心替您打仗的。"

鲁庄公说:"祭祀用的猪牛羊和玉器、丝织品等祭品,我从来不敢虚报夸大数目,一定对上天说实话。"意思是诚实守信,不欺上天。

曹刿回答说:"小小信用,不能取得神灵的信任,神灵是不会保佑您的。"

鲁庄公又说:"大大小小的诉讼案件,即使不能一一明察,但我一定根据实情合理裁决。"意思是秉公行政,不徇私情。

曹刿听到这里点点头说:"这才尽了本职一类的事。可以凭借这个条件打一仗。如果作战,请允许我跟随您一同去。"

鲁庄公和曹刿同坐一辆战车,在长勺这个地方和齐军相遇。鲁庄公一见,便要下令击鼓进军。曹刿说:"还不行。"齐军三次击鼓。

曹刿说:"可以击鼓进军了。"齐军大败。鲁庄公又要下令驾车马追逐齐军。

曹刿说:"还不行。"说完就下了战车,察看齐军车轮碾出的痕迹,又登上战车,扶着车前横木远望齐军的队形,这才说:"可以追击了。"

于是追击齐军。

打了胜仗后，鲁庄公问他取胜的原因。曹刿回答说："作战，靠的是士气。第一次击鼓能够振作士兵们的士气，第二次击鼓士兵们的士气就开始低落了，第三次击鼓士兵们的士气就耗尽了。他们的士气已经消失而我军的士气正旺盛，所以才战胜了他们。像齐国这样的大国，他们的情况是难以推测的，怕他们在那里设有伏兵。后来我看到他们的车轮的痕迹混乱了，望见他们的旗帜倒下了，所以下令追击他们。"

长勺之战的胜利是与鲁庄公能虚心听取曹刿的意见分不开的。曹刿在作战中遵循后发制人、敌疲我打、持重相敌的积极防御、适时反击的方针，正确地把握反攻和追击的时机，从而牢牢地掌握了战争的主动权，赢得战役的重大胜利。

八、以治待乱，以静待哗

以治待乱❶，以静待哗❷，此治心者也❸。以近待远，以佚待劳，以饱待饥，此治力者也❹。无邀正正之旗，无击堂堂之陈，此治变者也❺。

注释

❶以治待乱：以严整有序的军队对付混乱不整之敌。治，整治。待，对待。

❷以静待哗：以自己的沉着冷静对付敌人的轻躁喧哗。哗，鼓噪喧哗，指骚动不安。

第七章 军争篇

❸ 此治心者也：这是掌握利用将帅心理的一般方法。
❹ 此治力者也：这是掌握利用军队战斗力的基本方法。
❺ 此治变者也：这是掌握机动应变的一般方法。

解读

用自己的严整来对付敌人的混乱，用自己的镇静来对付敌人的轻躁，这是掌握将帅心理的手段。用自己部队接近的战场来对付远道而来的敌人，用自己供应充足的部队来对付饥饿不堪的敌人，这是掌握军队战斗力的秘诀。不要去打击旗帜整齐的敌人，不要去进攻阵容雄壮的敌人，这是掌握灵活机变的原则。

感悟

"以治待乱，以静待哗""以近待远，以佚待劳，以饱待饥"等作战原则都是孙子针对敌人的心理状况而采取的相应措施。"治心"即掌握军心。行军打仗，首先是要治理好自己，无论进攻、防御，都要军容严整，临阵不乱，才能用自己的严整来对付敌人的混乱。

孙子主张善战的将帅不仅自己应"治"，更要使敌人"乱"。意志混乱的军队，即使兵多将广，都不会有强大的战斗力。因此使敌人"乱"就能乘此机会，乱中取胜。

东汉后期，军阀混战。辽东太守公孙康，偏安一隅。但他明白，一旦中原混战结束，河北袁氏兄弟转而北向，辽东极有可能会被吞并，因此他对袁氏久存戒心。官渡之战，袁绍兵败，曹操从容地占据了冀、青、幽、并四州。袁尚、袁熙逃往辽东依附公孙康，公孙康既不愿袁氏在辽东落脚，又怕曹操急攻辽东，自己势单力孤，于是将二袁留下。

> 孙子兵法

公元207年，曹操伐乌桓之后，有人劝曹操攻辽东、擒二袁，曹操说："不用动兵，等着公孙康将二袁之头送来。"于是便带军队经柳城撤回。此时，公孙康正担心曹操会以二袁为口实讨伐他，想不到曹操并无此意，于是他马上想到除掉二袁，一则讨好曹操，二则去掉辽东大患。

没过几天，二袁的首级就送到曹操手中了。曹操不费一兵一卒便消灭了二袁、安定了辽东，主要是他看到二袁与公孙康之间的关系，所以拿定主意，以静待哗。如果他轻信人言，进攻辽东，公孙康与二袁必合力抵抗，而曹操久战疲惫，必将成为强弩之末，胜败难料。何况后方还有刘表割据，左右掣肘。反之，不攻辽东，公孙与袁必互相争斗，曹操真是用兵如神啊！

九、穷寇勿迫

故用兵之法，高陵勿向❶，背丘勿逆❷，佯北勿从❸，锐卒勿攻❹，饵兵勿食❺，归师勿遏❻，围师必阙❼，穷寇勿迫❽，此用兵之法也。

注释

❶高陵（líng）勿向：高陵，高山地带。向，仰攻。即对已占领高地的敌人，不要去进攻。

❷背丘（qiū）勿逆：背，倚仗之义。逆，迎击。敌人如果背倚丘陵险阻，我军不要去正面进攻。

❸佯北勿从：佯，假装。北，败北、败逃。从，跟随。敌人如

果是假装败退，我军不要去追击。

④ 锐卒勿攻：锐卒，士气旺盛的敌军。意为如果敌军的士气旺盛，我军不要去进攻。

⑤ 饵（ěr）兵勿食：此谓敌人若以小利做饵引诱我军，则不要去理睬它。

⑥ 归师勿遏（è）：遏，阻击。对于正在向本国归返的敌师，不要去正面阻击它。

⑦ 围师必阙（quē）：阙，同"缺"。在包围敌军作战时，当留有缺口以避免使敌人做困兽之斗。

⑧ 穷寇勿迫：指对陷入绝境的敌人，不要加以逼迫，以免其抵死挣扎。

解读

用兵的法则是：如果敌人占领山地就不要去仰攻，若敌人背靠高地也不要正面去攻击，敌人假装败退时不要跟踪追击，同时也不要去攻击士气旺盛的敌军，不要去理睬敌人的诱兵，对正在退回本国途中的敌军不要正面遭遇，包围敌人时要留出缺口，而对陷入绝境的敌人不要过分逼迫，这些都是用兵的法则。

感悟

孙子在此列举了8种用兵之法，强调了"高陵勿向，背丘勿逆，佯北勿从，锐卒勿攻，饵兵勿食，归师勿遏，围师必阙，穷寇勿迫"的原则，其目的是提供指挥者在指挥作战时能辨清形势、认清敌人用兵的方法，必须针对不同的敌情采取不同的措施，以发挥遏制敌人的作用。

孙子兵法

南北朝时期北魏名将傅永就是深通此道的优秀将才。傅永,字修期,清河(今河北省清河县)人氏,从小练就一副好身手,有豪气,勇力过人,能手按鞍桥,倒立在马背上驰骋。但他只好习武,不愿读书,别人劝学,他也只作耳旁风。

弱冠之年,有位朋友写信来,但他文字太差,连复信都写不了,于是请叔父洪仲帮忙,孰料洪仲不但不代他复信,反而借此机会狠狠教训了他一顿。

傅永羞愧到极点,自此开始发愤读书,广泛涉猎经史,本就聪明,再加上刻苦,很快学识大有长进,写起文章来也很有文采,行军作战,不仅有勇,更有谋略。

魏高祖孝文帝当朝时,王肃为豫州刺史,傅永为建武将军、平南长史,在王肃帐下听令。因傅永年长,又有才学,王肃对他格外敬重,处处

126

以礼相待；傅永也因王肃为高祖器重，尽心竭力为之效劳，二人情义深厚。傅永善战，随王肃沙场征战，屡立奇功。

当时，南齐高宗萧鸾派遣鲁康祚、赵公政二将领兵进犯豫州的太仓口，号称一万人马。王肃命傅永率三千士卒前往迎敌。敌众我寡，形势险恶，久经沙场的傅永明白，此战决不能力拼，只可智取。

两军很快在淮水两岸安营扎寨，康祚军屯在淮南，傅永军驻扎在淮北十余里之处，隔岸相持，欲决一雌雄。魏齐两军常年交手，傅永也慢慢摸清了齐军作战的套路，他素知康祚所率吴楚军最擅长偷营劫寨，决心要在这上面做文章，于是兵马分成两部，埋伏在营外，留下一座空营诱惑敌军。

傅永料定，敌军乘夜奔袭，须选择水浅处横渡淮水，撤军时仍得循原路返回，为防止夜黑迷途，找不到渡河的地点，肯定会点火标明渡口。他秘密派士兵用大瓠盛上火种，渡河到南岸，专挑一处水深流急的地方，带着火种埋伏在岸边。并嘱咐士兵："若见前方火起，立即点燃全部火种。"

当天夜里，康祚、赵公政果然亲自统率人马渡河劫营，一见只是座空营，知道中计，马上下令回军速撤，但为时已晚，傅永令下，伏兵一齐杀出，两路夹击。

康祚不知魏军虚实，地形不熟，又是深夜，到处漆黑一片，身陷埋伏，哪敢恋战？只好指挥军队仓皇夺路回逃，直奔淮水。

此时，喊杀声震天，四处火起，魏军在后面紧紧追杀，康祚军早已辨认不出哪里是原来渡河的地方。

慌乱中，见南岸有处燃起大火，以为那就是以火标明的浅水处，便争先恐后向有火光的北岸涌去。

谁想遭傅永暗算，河水极深，士兵被淹死、斩杀的达数千人。康祚也不能幸免，连人带马坠入河中，天亮后被打捞出来，斩下首级，连同被生擒的赵公政，一同送往京城报功。

此战后不久，萧鸾又派裴叔业率王茂先、李定二将攻打楚王戍（今河南信阳西北）。傅永被王肃派出迎敌。傅永先派一名亲信飞骑驰奔楚王戍，一到就传令填塞城外的堑沟，入夜，将一千名士兵埋伏在城外。次日天明，裴叔业兵到，停驻在城东，然后排兵布阵，将城池团团围住。

傅永预先埋伏的一千精兵，听到号令，从左路袭击敌人后军，将其击溃，裴叔业见势不妙，只得暂停布阵，让部将守住阵地，亲自率领数千精兵前去救援。傅永登上门楼观阵，见裴叔业带兵向南已走出了大约五六里路，便下令大开城门，挥军杀出。

士兵人人奋勇，敌军兵力已经分散，军阵尚未摆布妥当，阵脚不稳，结果一冲即溃。这时裴叔业顾此失彼，进亦难，退亦难，只得带领军队仓皇奔逃。傅永的部将以为这正是天赐良机，纷纷要求乘胜掩杀，彻底歼灭。

傅永却异常冷静，坚决制止，他说："我军势单力薄，弱卒不满三千，敌军人多势众，兵强马壮，军力远远超过我们，刚才败阵，并非没有实力，不过只是误中我的圈套，不知我军虚实。此战足以使之丧胆，但终是敌众我寡，兵力悬殊，如果穷追不舍，反受其害。今日能有如此骄人战绩，足矣，足矣！"

傅永以弱克强、以少胜多，离不开一个"智"字，他"智"在知己知彼，战术运用得当。

第八章　九变篇

　　本篇论述将帅指挥作战应根据各种具体情况灵活机动地处理问题，不要因循守旧而招致失败，并就战争中面临的具体问题对将帅提出了要求。

　　孙武强调，将帅处置问题时必须统筹兼顾。首先，考虑问题要兼顾利与害两个方面。在有利的情况下要想到不利的因素，在不利的情况下要想到有利的因素。其次，要根据不同的竞争目标，采取不同的竞争手段。第三，自己要立足在充分准备、使敌人不可攻破的基础上，不能心存侥幸。第四，要克服偏激的性情，全面、慎重、冷静地考虑问题。

　　只有做到以上这些，方能"得地之利""得人之用"。孙武认为，将帅要从实际出发来处置问题才能战胜敌人，所以对于国君违背实际情况的命令可以不执行，对此他大胆地提出了"君命有所不受"的军事名言。

　　"九变"是指作战时要机动灵活，根据特定的地形、敌情，采取特定的处理方式。孙武强调，任何方针、策略都离不开机变行事、灵活运用，要因势而变，不能墨守成规。只有真正懂得"九变之利者"，才能取得胜利。

孙子兵法

一、君命有所不受

孙子曰：凡用兵之法，将受命于君，合军聚众。圮地无舍①，衢地交合②，绝地无留③，围地则谋④，死地⑤则战。涂有所不由⑥，军有所不击⑦，城有所不攻⑧，地有所不争⑨，君命有所不受⑩。

注释

① 圮（pǐ）地无舍：圮，毁坏、倒塌，圮地指难于通行之地。舍，止也，此处指宿营驻扎。

② 衢（qú）地交合：衢，四通八达，衢地即四通八达之地。交合，指结交邻国以为援。

③ 绝地无留：绝地，难以生存之地。意为遭逢绝地，不要停留。

④ 围地则谋：围地，指进退困难易被包围之地。谋，即设定奇妙之计谋。在易被围困之地要设奇计摆脱困难。

⑤ 死地：进则无路，退亦不能，指非经死战则难以生存之地。

⑥ 涂有所不由：涂，即途。指道路。由，从、通过。这里指有的道路不要过。

⑦ 军有所不击：指有的军队不宜攻击。比如，比我强的军队，训练有素的军队，都不易立即攻打。

第八章　九变篇

⑧ 城有所不攻：有的城邑不应攻打。
⑨ 地有所不争：有些地方可以不去争夺。
⑩ 君命有所不受：有时君主的命令也可以不接受。

解读

孙子说，大凡用兵的法则是：将帅接受国君的命令，征集民众、组织军队。出征时在沼泽延绵的"圮地"上不可驻扎，在多国交界的"衢地"上应结交邻国，在"绝地"上不要停留，退入"围地"时要巧设奇谋，陷入"死地"后要殊死战斗。有的道路不要通行，有的敌军不要攻打，有的城池不要攻取，有的地方不要争夺，国君有的命令可以不遵行。

感悟

战场上的情况千变万化、纷乱复杂，因此，孙子提出将帅在用兵之时要"因地""因情""因势"，灵活机动地处理问题，不要因循守旧。而处在"圮地""衢地""绝地""围地""死地"等不同战场时，也要采用相应的对策。

同时，孙子认为任何事都要从全局出发，去分析问题，对于无关大局的局部目标，或未影响全局作战目的者，要坚决"不由""不击""不攻""不争"。总之，慎重而灵活地选择实施方案，才能保证必胜、全胜。

孙子兵法

二、通于九变之利

故将通于九变之利者，知用兵矣①。将不通九变之利者，虽知地形，不能得地之利矣②。治兵不知九变之术③，虽知五利④，不能得人之用矣⑤。

注释

①故将通于九变之利者，知用兵矣：将帅如果能通晓九变之利，就懂得如何用兵作战了。通，通晓、精通。

②将不通九变之利者，虽知地形，不能得地之利矣：将帅如果不通晓九变的利弊，即使了解地形，也不能从中获得帮助。

③九变之术：九变的具体手段和方法。

④五利：指"涂有所不由，军有所不击，城有所不攻，地有所不争，君命有所不受"等五事之利。

⑤不得人之用矣：指不能够充分发挥军队的战斗力。

解读

将帅如果能精通各种机变的利弊，就是懂得用兵了。将帅如果不能精通各种机变的利弊，那么即使了解地形，也不能够得到充分利用地理的优势，以达到战胜敌人的目的。指挥军队如果不知道九变的方法，那么虽然知道"五利"，也不能充分发挥军队的战斗力。

第八章　九变篇

感悟

"九变"即灵活机动的作战原则，根据特定的地形、敌情，采取特定的处理方式。孙子一直非常强调"九变"，他认为任何方针、策略都离不开机变行事、灵活运用，要因势而变，不能墨守成规。只有真正懂得"九变之利者"，才能取得胜利。《三国演义》第六十二回描写刘备应刘璋之请，进驻葭萌关，抗拒汉中张鲁入侵，后来因刘备向刘璋借军马钱粮受到刁难，双方翻了脸。是进是退，刘备拿不定主意，问计于庞统。

庞统回答："我有三条计策可以让主公选择。现在马上选派精兵昼夜兼程去偷袭成都，这是上计。主公假意说自己回荆州，然后，将前来送

行的守关将领杨怀、高沛擒住杀了，夺取葭萌关，攻占涪城，然后再攻打成都，这是中计。撤军退还白帝城，星夜赶回荆州，再慢慢打算，这是下计。若在这里迟疑不决，军队就要遭受重大损失，无计可救了。"

刘备深思后认为："上计太仓促了，下计太缓慢了，中计可以实施。"

于是依计行事，轻易地夺下了涪水关，然后攻下雒城，取绵竹，直捣成都。庞统多谋，刘备善断，因此取得了最佳效果。且庞、刘是在对当地形势进行翔实的分析后才采取了正确的决策，因而赢得了战争的胜利。

三、智者之虑

是故智者之虑❶，必杂于利害❷。杂于利，而务可信也。杂于害，而患可解也。

注释

❶ 智者之虑：聪明的将帅思考问题。虑，思考。
❷ 必杂于利害：必然充分考虑和兼顾到利弊两方面的因素。

解读

因此，明智的将帅考虑问题，必须兼顾利与害两个方面。在有利的情况下考虑到不利的方面，大事便可以顺利进行；在困难的情况下考虑到有利的方面，那么祸患就可以消除了。

第八章 九变篇

感悟

孙子主张指挥者要从利和害两个方面来分析问题、权衡得失。任何事物都是利与害的统一体,必须充分认识到两者的关系。所谓"杂于利害",在有利的条件下,要看到不利的因素;在不利的情况下,要善于发掘有利因素,而考虑问题时切忌偏激和片面。

战争和世界上的其他事物一样,也经常存在着两重性,敌对双方往往都是利害兼而有之,而趋利避害又是战争的普遍法则,因而辩证地把握战争中的利害关系,是对战争指导的一项重要要求。

一个高明的指挥员在考虑战争问题时,一定要克服认识上的片面性,既要看到利,又要看到害,既看到自己的长处,又看到自己的短处。见利而忘害,不利的因素就可能恶性发展,最终影响整个战争的结局;见害而忘利,则有可能使自己丧失必胜的信心和斗志,不能通过积极的努力而有所作为。指挥者要具有整体意识,认清利害之间的关系,创造并利用利害相互转化的关系,趋利避害,防患于未然。

四、屈诸侯者以害

是故屈诸侯者以害,役诸侯者以业❶,趋诸侯者以利❷。

注释

❶役诸侯者以业:要役使诸侯,就要用危险的事情去困扰

孙子兵法

它。役,役使。业,危险的事情。《尔雅》曰:"业业、翘翘,危也。"

❷趋诸侯者以利:趋,奔赴、奔走,此处作动词用。句意指用利引诱调动敌人,使之奔走无暇。

解读

所以,要用诸侯害怕的事情使其屈服,要用危险的事情去役使诸侯,要用小利去使诸侯归附。

感悟

孙子在这里指出根据不同的战略目的,分别采取不同的战略手段去达到自己最初"屈"以"害""役"以"业""趋"以"利"的战略设想。

吴蜀夷陵之战后,刘备战败病死白帝城。魏主曹丕采用司马懿之计,采取封官许愿、重金收买、割地分利等方法,凑集50万大军攻蜀,调五路大兵来取西川:

第一路,曹真起兵取阳平关;第二路,孟达领军犯汉中;第三路,东吴起精兵取峡口入川;第四路,蛮王孟获兴兵犯益州四郡;第五路,番王轲比能起羌兵犯西平关。企图以武力迫使蜀国君臣屈服。

诸葛亮以马超守西平,羌人爱戴马超,必可不战自退;魏延疑设伏兵,孟获惧险必退;李严致书孟达,孟达必称病不进;赵子龙据险守关拒曹真,必万无一失;吴见四路兵败,必观望不进,再马上与之结盟,联合抗敌,魏军必败。

诸葛亮根据五路兵马不同的弱点,对症下药,或诱之以利,或威之以险、加之以害,分化瓦解,轻易地粉碎了50万兵马的进攻。

五、用兵之法，无恃其不来

故用兵之法，无恃其不来，恃吾有以待也❶；无恃其不攻，恃吾有所不可攻也❷。

注释

❶ 无恃其不来，恃吾有以待也：恃，依赖、寄望。意为不要寄望于敌人不来，而要依靠自己做好充分的准备。

❷ 无恃其不攻，恃吾有所不可攻也：不要寄望于敌人不来进攻，而依靠自己具备强大实力，使得敌人不敢来进攻。

解读

所以，用兵的法则是：不要寄望于敌人不会来，而要依靠自己有充分的准备，严阵以待；不要寄望于敌人不会进攻，而要依靠自己有充足的力量，使敌人无法进攻。

感悟

孙子在此提出了"有以待""有所不可攻"的观点，强调任何时候都不要把希望寄托在敌人"不来"或"不攻"上面，而应该有充分的准备，使敌人无机可乘，而自己无懈可击、有备无患。这是一种积极的备战思想，见地高人一筹。

孙子兵法

事实证明，平时、战时注重"有备无患"，做到"以虞待不虞"就能取得胜利。这种"虞"，关键在于知己知彼，即孙子所谓的"知彼知己，百战不殆"。未战以前，先充分了解敌情我情，综合双方主要条件，全面地比较、分析，做出正确判断，做好充分准备，这样就一定能打胜仗。

知彼而不知己，或知己而不知彼，一旦交战，处于盲目状态，可能自己的弱点恰好为敌所乘，而敌之强点却为己所遇，胜败均毫无把握。

《淮南子·兵略训》云："善用兵者，必先修诸己，而后求诸人；先为不可胜，而后求胜。修己于人，求胜于敌。己未能治也，而攻人之乱，是犹以火救火、以水应水也，何所能制？"

《左传·隐公五年》云："不备不虞，不可以师。"又《左传·宣公十二年》云："有备无败。"都是强调预有准备，料敌计险，先胜而后求战。以有虞之己战不虞之敌，胜敌当为必然。

一部《三国演义》不知描绘了诸葛亮多少的神机妙算，呈现多少"以虞待不虞"的精彩场面。赤壁之战中，诸葛亮设了三路伏兵袭击曹操。第一路兵马赵云，第二路兵马张飞，第三路兵马关羽，曹操被赵云、张飞的兵马杀得人仰马翻，诸将多已带伤。

当曹操带领残兵败将摆脱张飞的追杀后，来到岔路口，发现有两条路可以通往荆州：一是条大路，平坦但路程较长；二是条小路，路程短，但崎岖难行。当曹操派人侦知"小路山边有数处烟起"而"大路并无动静"后，曹操决定取华容小道直奔荆州。此时将士饥饿难耐，战马困乏难行。

走过一段险峻的山路，曹操突然在马上扬鞭大笑。众将问："丞相何故大笑？"曹操说："人人都说周瑜、诸葛亮足智多谋，以我看，到底是无能之辈。如果他们在此处埋伏一队人马，我们都会束手就擒。"

话还未说完，只听一声炮响，两边五百校刀手摆开，为首大将关云

第八章　九变篇

长,提青龙刀,跨赤兔马,截住去路。曹军见了,亡魂丧胆,面面相觑。曹操说:"既到此处,只得决一死战!"众将说:"人纵然不怯,可马力已乏,怎么能再战呢?"

曹操听了,无可奈何,只好纵马向前,欠身对关云长说:"将军别来无恙!"关云长也欠身答道:"关某奉军师将令,等候丞相多时。"

曹操说:"曹操兵败势危,到此无路,望将军以昔日之情为重。"

关云长说:"昔日关某虽蒙丞相厚恩,但斩颜良,诛文丑,解白马之围,已经回报过了。今日之事,岂敢以私废公?"

曹操说:"过五关斩将之事,还能记得吗?大丈夫以信义为重。将军

深明《春秋》，难道能把昔日之事一笔抹消？"

关云长是个义重如山之人，想起当日曹操许多恩义，于是把马头勒回，对众军说："四散摆开。"这分明是放过曹操的意思。

曹操见关云长回马，便和众将一齐冲了过去。关云长回身时，曹操已与众将过去了。此次曹操能够逃脱，是因为关云长是个重义图报的君子。否则，曹操纵有三头六臂也难逃一死了。

孙武提出"以虞待不虞"之后，历代军事家们都很重视这一制胜之道。每个军事家都知道，不打无准备之仗，不打无把握之仗。

《兵经百字·预字》："凡事以未意而及者，则必心骇，心骇则仓促不能谋，败征也。……凡属艰险危难之事，必须筹而分布之，务有一定之法，并计不定之法，而后心安气定，适值不惊，累中无虞。古人行师，经险出难，安行无虑，非必有异之智，预而已。"这也是讲，预则立，不预则废。军事斗争，随机因素多，偶然性大，更要处处小心，多准备几手。现代战争，比冷兵器时代的战争更加复杂多变，指挥员更应该树立"以虞待不虞"的谋略思想，全面准备，多想困难，设想多种可能。战场的主动权，首先应在于战前的准备，准备愈充分，胜利的可能性就愈大。

六、将有五危

故将有五危：必死，可杀也❶；必生，可虏也❷；忿速，可侮也❸；廉洁，可辱也❹；爱民，可烦也❺。凡此五者，将之过也，用兵之灾也。覆军杀将❻，必以五危❼，不可不察也。

第八章　九变篇

注释

❶ 必死，可杀也：必，坚持、固执之意。此句言坚持死拼，则有被杀的危险。

❷ 必生，可虏也：言将帅若一味贪生，则不免沦为战俘。

❸ 忿速，可侮也：忿、愤怒、愤懑。速，快捷、迅速，这里指急躁、偏激。意为将帅急躁易怒，就有容易中敌人轻侮之计的危险。

❹ 廉洁，可辱也：将帅如果过于洁身清廉，自矜名节，就有受辱的危险。

❺ 爱民，可烦也：将帅如果溺于爱民，不知从全局把握问题，就易为敌所乘，有被烦扰的危险。

❻ 覆军杀将：使军队覆灭，将帅被杀。覆，覆灭、倾覆。

❼ 必以五危：必，一定、肯定。以，由、因的意思。五危，指上述"必死""必生"等五事。言"覆军杀将"都是由此五危所引起的，故不可不充分注意。

解读

所以，当将帅的有五种致命的毛病：只知死拼蛮干，就可能被敌人诱杀；只顾贪生怕死，就可能被敌人俘虏；急躁易怒，就可能中敌人的凌辱之计；廉洁好名，就可能中敌人侮辱的圈套；只顾"爱民"，就可能导致烦扰而不得安宁。以上五点，是将帅最容易出现的过错，也是用兵的祸害。军队覆没，将领被杀，大部是由于这五种过失造成的，这是不得不慎重考虑的。

孙子兵法

感悟

孙子列举为将的五种危险倾向:有勇无谋、贪生怕死、急躁易怒、过于自尊自爱、过于爱民如子。这些倾向,在对敌斗争中可能为敌所用、所困、所攻、所杀。

就拿爱民如子来说,刘备可谓典范,这让他在关键时刻险遭不测,误了大事。刘备失襄樊,奔江陵,百姓大呼:"我等虽死,愿随使君。"简雍劝他速走,刘备不听,与十万军民同行,大小车数千辆,老老少少,一天只行十余里,特别是渡襄江便耽误了许多时间,阻碍了军队的行动。

曹操利用刘备军队行动迟缓,一路冲杀,刘军大乱,将帅分离,妻儿离散,死伤无数。糜夫人投井而尽,赵子龙不得不单骑救主,张翼德不得不长坂坡阻敌,有如丧家之犬。刘备爱民不得法,最后以害民害军告终。

第九章　行军篇

　　本篇专门论述作战中有关行军的各种问题，诸如行军时如何安营扎寨、如何观察和利用地形、如何侦察敌情，等等。全篇内容大体分为四部分：

　　第一，分别从山岳、河川、盐碱、平原以及各种险阻地带论述了行军扎营、应敌所必须注意的事项和应该采取的措施。

　　第二，论述行军过程中侦察敌情的几种方法。诸如"敌近而静者，恃其险也；远而挑战者，欲人之进也；其所居易者，利也；众树动者，来也；众草多障者，疑也；鸟起者，伏也……"

　　第三，指出用兵打仗，主要的并不在于兵力越多越好，而在于"并力、料敌、取人"，也就是善于集中兵力，判明敌情，以智取胜；那种"无虑而易敌"，一味只知盲目猛进的人，将"必擒于人"。

　　第四，指出统率军队必须重视平时的教育，同时，也更要重视战时军纪严肃，赏罚分明。强调为将者要言而有信，令行禁止，士卒们才会心悦诚服。

　　孙武在本篇还提出了"令之以文，齐之以武"的文武兼用之治军原则，即要用道义来教育士兵，用法纪来统一步调，这样的军队打起仗来一定能取得胜利。

孙子兵法

一、半济而击之，利

孙子曰：凡处军相敌❶，绝山依谷❷，视生处高❸，战隆无登❹，此处山之军也。

绝水必远水❺，客❻绝水而来，勿迎之于水内，令半济而击之❼，利。欲战者，无附于水❽而迎客；视生处高，无迎水流❾，此处水上之军也。绝斥泽，惟亟去无留。若交军于斥泽之中，必依水草而背众树，此处斥泽之军也。平陆处易，而右背高，前死后生，此处平陆之军也。凡此四军之利，黄帝之所以胜四帝❿也。

注释

❶处军相敌：处，处置，部署。处军，指行军作战中军队在各种地形上的处置要领。相，观察。相敌，指观察判断敌情。

❷绝山依谷：经过山地，靠近山谷。为的是依靠山谷的水草供给人马的饮水和饲料。绝，横渡，穿过，这里是通过的意思。

❸视生处高：居高向阳而开阔视野的意思。生，草木生长意。

❹战隆无登：敌人占据高地，不可仰攻。隆，高地。

❺绝水必远水：意为横渡江河，一定要远离江河之处驻扎。

❻客：指敌军，下同。

❼勿迎之于水内，令半济而击之：迎，迎击。水内，水边。

第九章　行军篇

济，渡。半济，渡过一半。此句为不要在敌军刚到水边时迎击，而要在敌军渡河渡到一半时再发动攻击，因为此时敌军首尾不接，行伍混乱，攻之容易取胜。

⑧ 无附于水：不要靠近水。附，靠近。

⑨ 无迎水流：不要让敌人居上流，我军居下流。这是为了防御敌军决水灌我。迎，逆。

⑩ 凡此四军之利，黄帝之所以胜四帝也：四军，指上述山、水、沼泽、平陆四种地形条件。四帝，四方部族首领。曹操注："黄帝始立，四方诸侯无不称帝。"

解读

孙子说：在各种不同地形上处置军队和观察判断敌情时，应该注意：通过山地，必须依靠有水草的山谷，驻扎在居高向阳的地方，敌人占领高地，不要仰攻，这是在山地上对军队的处置原则。

横渡江河，必须在远离水流之处驻扎。敌人渡河来战，不要在江河中迎击，要等他渡过一半时再出击，这样较为有利。

如果要同敌人决战，不要紧靠水边列阵；在江河地带扎营，也要居高向阳，不要逆流扎军，这是在江河地带上对军队处置的原则。通过盐碱沼泽地带，要迅速离开，不要逗留；如果同敌军相遇于盐碱沼泽地带，那就必须靠近水草而背靠树林，这是在盐碱沼泽地带上对军队处置的原则。在平原上应占领开阔地域，而侧翼要依托高地，前低后高。这是在平原地带上对军队处置的原则。以上四个"处军"原则的好处，就是黄帝之所以能战胜其他四帝的原因。

| 孙子兵法

感悟

孙子于此论述在江河地带行军作战的处置方法,提出了令敌"半济而击之"的作战原则。意即当敌人渡河来战,不要在江河边迎击,而应该在他渡河渡到一半时再发动攻击,分批歼敌于水际滩头。

孙子这一项作战原则,虽仅就渡河作战来说,但实际上,其精神是适用于一切水域防御作战。现代抵抗登陆作战中,以劣势装备胜优势装备之敌,尤其要掌握这样一个作战原则,以便抓住最有利的战机歼灭敌人。

二、凡军好高而恶下

凡军好高而恶下❶,贵阳而贱阴❷,养生而处实❸,军无百疾,是谓必胜。丘陵堤防,必处其阳而右背之❹,此兵之利,地之助❺也。

上雨,水沫至❻,欲涉者,待其定也。

注释

❶好高而恶下:即喜欢高处而讨厌低处。好,喜欢。恶,讨厌。

❷贵阳而贱阴:贵,重视。阳,向阳干燥的地方。贱,轻视。阴,背阴潮湿的地方。句意为看重向阳之处而轻视阴湿地带。

❸养生而处实:指军队要选择水草和粮食充足、物资供给方便的地域驻扎。养生,指水草丰盛、粮食充足,能使人马得以休养生

第九章　行军篇

息。处实，指军需物资供应便利。

❹必处其阳而右背之：指置军向阳之地并使其主要侧翼背靠高地。

❺地之助：意为得自地形的辅助。

❻上雨，水沫至：上雨，上游有雨。水沫，北方山洪暴发前，先有水流冲来，部队如要徒步过河，就要等到水流稍定，否则洪峰冲来，会被冲走。

解读

大凡驻军总是喜好高地，厌恶低洼之地；看重向阳的地方，轻视阴湿的地方；靠近水草，军需充实，将士百病不生，这是军队必胜的条件。在丘陵堤防行军，必须占领它向阳的一面，而主要侧翼要背靠它，这对军队有利，算是得到了地形的辅助。

上游下雨，洪水突至，禁止徒涉，应等待水流稍平缓以后。

感悟

孙子在这里提出了关于军队驻地的选择问题，他认为行军打仗时，军队驻地的选择必须在高处、向阳处和物资丰富处，这既有利于我军的出击与休整，也有利于粮食的供应，而占据有利条件，胜利自然也就有了保障。

唐昭宗乾宁五年（898年），汴州刺史、宣武节度使朱全忠大举兴师，讨伐淮南节度使杨行密。朱全忠命令庞师古攻扬州，葛从周攻寿州。庞师古率兵7万驻清口，部属认为清口低洼，不宜驻军，但师古自认为兵多，不以为意。

| 孙子兵法

　　杨行密率军至楚州拒敌，命朱瑾在淮河上堵水截流，准备水淹汴军。探子报告师古，师古认为是谣言惑众，一意孤行。一天，朱瑾率军5000人，伪冒汴州军旗号，将汴军杀得措手不及，杨行密后又决堤放水，汴军死伤无数，继又亲率大军掩杀，全歼庞师古军于淮水，葛从周只好撤退，杨行密乘胜追击，汴军大败。

三、谨覆索之

　　凡地有绝涧❶、天井❷、天牢❸、天罗❹、天陷❺、天隙❻，必亟去之，勿近也。吾远之，敌近之；吾迎之，敌背之❼。军旁有险阻❽、潢井❾、葭苇⑩、山林、翳荟者，必谨覆索之⑪，此伏奸之所处也⑫。

敌近而静者，恃其险也；远而挑战者，欲人之进也。其所居易者，利也。众树动者，来也；众草多障者，疑也；鸟起者，伏也；兽骇者，覆也；尘高而锐者，车来也；卑而广者，徒来也；散而条达者，樵采也；少而往来者，营军也。

注释

①绝涧：指两岸峻峭、水流其间的险恶地形。
②天井：指四周高峻、中间低洼的地形。
③天牢：牢，牢狱。天牢即是对山险环绕、易进难出之地形的描述。
④天罗：罗，罗网。指荆棘丛生，使军队进入后如陷罗网而无法摆脱的地形。
⑤天陷：陷，陷阱。指地势低洼、泥泞易陷的地带。
⑥天隙：隙，狭隙。指两山之间狭窄难行的谷地。
⑦吾远之，敌近之；吾迎之，敌背之：意为对于上述"绝涧"等"六害"地形，我们要远离它、正对它，而让敌军接近它、背靠它。
⑧军旁有险阻：险阻，险山大川阻绝之地。
⑨潢（huáng）井：潢，积水池；井，指出水之穴地。
⑩葭（jiā）苇：芦草，此处泛指水草丛聚之地。
⑪必谨覆索之：一定要仔细、反复地进行搜索。谨，谨慎。覆，反复。索，搜索、寻找。

孙子兵法

❶❷ 此伏奸之所处也：指"险阻""潢井"等处往往是敌人伏兵或奸细的藏身之处。

解读

凡是遇到"绝涧""天井""天牢""天罗""天陷""天隙"等地形，必须迅速避开它、远离它，让敌人接近它。而行军路上遇到险山大川、洼陷、水草丛聚之地，一定要仔细、反复地进行搜索，因为这里往往是敌人伏兵或奸细的藏身之处。

敌人离我很近而安静的，是依仗它占领险要地形；敌人离我很远但挑战不休，是想诱我前进；敌人之所以驻扎在平坦地方，是因为对它有某种好处。许多树木摇动，是敌人隐蔽前来；草丛中有许多遮障物，是敌人布下的疑阵；群鸟惊飞，是下面有伏兵；野兽骇奔，是敌人大举突袭；尘土高而尖，是敌人战车驶来；尘土低而宽广，是敌人的步兵开来；尘土疏散飞扬，是敌人正在打柴；尘土少而时起时落，是敌人正在扎营。

感悟

行军作战时，遇到地势不开阔、难进又难退的地方，必须赶紧离开，不然会导致兵折将损，全军覆灭。这里孙子强调的是重地利的原则，阐述在地方位置的选择上，要明利弊。

据《三国演义》记载，为了平定南方，诸葛亮采取攻心为上的方针，对南蛮首领孟获实行捉住就放的办法。孟获六次交战六次被擒，第六次诸葛亮又把他放了。孟获回去后向乌戈国王求援，乌戈国派了三万藤甲兵与诸葛亮对阵。诸葛亮命大将魏延迎战，谁知藤甲兵非常厉害，刀箭不入，蜀军难以抵挡，只得败走。

为了对付藤甲兵，诸葛亮亲自去勘察地形。不久，诸葛亮望见一条形如盘蛇的山谷，两边都是悬崖峭壁，没有树木杂草，中间只有一条大道，问向导，原来此地名叫盘蛇谷。诸葛亮听了大喜，便返回军寨，命令马岱准备黑油柜车、竹竿等物置放盘蛇谷两头；又命令赵云准备应用之物在路口守卫。最后命令魏延继续与藤甲兵交战，并让其在半个月内连输十五仗，丢弃七个营寨，以引诱藤甲兵进入盘蛇谷。各将纷纷领命而去。

魏延输了十五仗后又来挑战，兀突骨再次轻易打败魏延。魏延沿盘蛇谷逃进峡谷，兀突骨率兵追杀，忽见谷口有黑油柜车，以为是蜀军粮车，便放心进谷抢粮。待走近"粮车"，忽见"粮车"火起，路口又被大批干柴拦断。兀突骨心慌，正要夺路逃跑，却见山两边无数火把投来，火把到处，地上火药爆炸，这才知道中计。三万藤甲兵左冲右突，全被烧死，孟获再次被诸葛亮活捉。藤甲兵在险恶的地形前，没有仔细搜索就贸然进谷，最终导致大败亏输，全军覆没，教训实在是深刻。

四、辞卑而益备者

辞卑而益备者，进也❶；辞强而进驱者，退也❷；轻车先出，居其侧者，陈也❸；无约而请和者，谋也❹；奔走而陈兵车者，期也❺；半进半退者，诱也❻。

杖而立者❼，饥也；汲而先饮者，渴也；见利而不进者，劳也；鸟集者，虚也；夜呼者，恐也。军扰者，将不重也；旌旗动者，乱也；吏怒者，倦也；粟马肉食，军无悬缶❽；不返其舍者，穷寇也；谆谆翕翕，徐

孙子兵法

与人言者，失众也；数赏者，窘也；数罚者，困也；先暴而后畏其众者，不精之至也；来委谢者，欲休息也；兵怒而相迎，久而不合，又不相去，必谨察之。

注释

① 辞卑而益备者，进也：敌人措辞谦卑恭顺，同时又加强战略，这表明敌人准备进犯。卑，卑谦、恭敬。益，增加、更加之意。

② 辞强而进驱者，退也：敌人措辞强硬，在行动上又示以进攻的姿态，这是表示其准备后撤。

③ 轻车先出，居其侧者，陈（zhèn）也：轻车，战车。陈，同"阵"，即布阵。句意为战车先出而摆在侧翼，是在布列阵势。

④ 无约而请和者，谋也：敌人还没有陷入困境，却主动前来请和，其中必有阴谋。约，困屈、受制之意。

⑤ 奔走而陈兵车者，期也：敌人急速奔走，摆开兵车阵势，这是想与我进行作战。期，期求。

⑥ 半进半退者，诱也：似退非退，是为了诱我进入圈套。

⑦ 杖而立者：倚仗手中的兵器而站立的。

⑧ 军无悬缶（fǒu）：缶，陶制炊具。语意是军队收拾炊具准备作战。

解读

敌人措辞谦卑恭顺，同时又加强战备，这表明敌人准备进犯；敌人措辞强硬，在行动上又表示出进攻的姿态，这是其准备后撤；战车先出而摆

第九章 行军篇

在侧翼，是在布列阵势。敌人还没有陷入困境，却主动前来请和，其中必有阴谋；敌人急速奔走、摆开兵车阵势，是想与我作战。敌人似进不进、似退不退，是为了诱我入圈套。

敌军倚着兵器而站立的，是饥饿的表现；供水兵打水自己先饮的，是干渴的表现；敌人见利而不进兵争夺的，是疲劳的表现；敌人营寨上聚集鸟雀的，下面是空营；敌人夜间惊叫的，是恐慌的表现；敌营惊扰纷乱的，是敌将没有威严的表现；旌旗摇动不整齐的，是敌人队伍已经混乱。敌人军官易怒的，是全军疲倦的表现；用粮食喂马，杀马吃肉，收拾起汲水器具，部队不返营房的，是要拼死的穷寇；低声下气同部下讲话的，是敌将失去人心；不断犒赏士卒的，是敌军没有办法；不断惩罚部属的，是敌人处境困难；先粗暴然后又害怕部下的，是最不精明的将领；派来使者送礼言好的，是敌人想休兵息战；敌人逞怒同我对阵，但久不交锋又不撤退的，必须谨慎地观察他的企图。

感悟

这是指敌人想进攻而施用的阴谋诡计，我方一定要加强戒备，切不可上当。笑为其表，刀为其里，退为假象，进是本质。指挥作战，一定要眼光敏锐，绝不可为假象迷惑，上当中计，导致失误。

公元前615年，秦国攻打晋国，晋派赵盾率军到河曲，就是今天的山西永济迎战。晋军针对秦兵出国远征、难以持久的弱点，采取"深垒固军"、待其撤退而击之的方针。这一正确策略使秦军难以及时取胜，因劳师远征，久战不利，便决定撤退。为了掩饰他们撤军的意图，秦军派使者以强硬言辞约晋军于第二天决战。

晋军的一位副将从秦使的眼神和口气中察觉到秦军要撤退，便建议乘其撤退时予以截击，但他的建议未被采纳，致使秦军在当晚得以安然撤走。这是秦军利用孙子"辞强而进驱者，退也"的成功案例。

五、兵非益多也

兵非益多①也，惟无武进②，足以并力、料敌③、取人而已。夫惟无虑而易敌④者，必擒于人⑤。

注释

① 兵非益多：兵不以多为有利。
② 惟无武进：不能恃武轻进。
③ 并力、料敌：集中兵力，察明敌情。
④ 无虑而易敌：无谋而轻敌。
⑤ 必擒（qín）于人：必定被人活捉。擒，捉拿。

解读

打仗不在于兵愈多愈好，只要不盲目冒进，能够集中兵力、判断敌情、取胜于敌就足够了；那种既无深谋远虑而又轻敌的，必定会被敌人所俘虏。

感悟

本段提出了"兵非益多"的作战思想，战胜敌人的关键在于将帅能否集中使用兵力、准确判断敌情。要先敌制胜、慎战、并力、料敌、取人是用兵取胜的四个要素。但要获得最终的胜利，主要要靠兵精、将谋。

六、令之以文，齐之以武

卒未亲附❹而罚之，则不服，不服则难用也；卒已亲附而罚不行❷，则不可用。故令之以文，齐之以武❸，是谓必取。令素行❹以教其民，则民服；令不素行以教其民，则民不服。令素行者，与众相得❺也。

注释

❶ 亲附：施恩德使士兵亲近归服。
❷ 而罚不行：有刑罚而不严格执行。
❸ 令之以文，齐之以武：文，仁恩；武，威刑。意思是用政治、道义来教育士卒，用军纪军法来统一步调。
❹ 素行：指平素认真施行。
❺ 相得：相投合，关系很好。有互相信任之意。

解读

士卒还没有亲近依附就执行惩罚，那么他们会不服，不服就很难使用。士卒已经亲近依附，如果仍不执行军纪军法，也是不能用他们来打仗的。所以，要用政治道义教育他们齐心协力，用军纪军法来统一他们的行动，这样的军队才是必胜的军队。平素严格贯彻命令，管教士卒，士卒就

孙子兵法

能养成服从的习惯；平素从来不严格贯彻命令，管教士卒，士卒就会养成不服从的习惯。平时命令能贯彻执行的，表明将帅同士卒之间相处融洽。

感悟

"令之以文，齐之以武"是孙子所提出的治军战略原则。其核心思想是以政治道义教育士兵，用军纪军法来统一步调，使士兵服从将帅的指挥，这样的军队才能够打胜仗。

他主张奖与罚、宽与严并用，恩威兼施，孙子的这个原则被历代兵家引以为典，极为推崇。这表明，恩威并举、宽严相济，是孙子统军的基本思想。

公元前636年春，晋文公回国主政后，为争霸中原，积极备战。他首先采取有效措施，使人民安居乐业，并以"尊周"来获得诸侯的拥护。他攻打周天子赐给他的封地"原"，出兵前说只打三天，三天一到，明知敌人马上就败，仍退兵30里以示自己言而有信。此外，还设置专门机构办理官吏升迁和处理有关纪律的问题。后来他看到晋国老百姓对国家已有信任，便于公元前632年出兵，在城濮大败楚军，称霸天下。

七、令素行以教其民，则民服

令素行①以教其民，则民服；令不素行以教其民，则民不服。令素行者，与众相得也②。

注释

① 令素行：素，平素、平时。军令不是上了阵才开始执行，而是平时就能贯彻执行。

② 与众相得也：得，这里指相处很和谐。

解读

平时认真执行法令、教育士卒，士卒就会服从。向来不注重执行法令、教育士卒，士卒就不会服从。平时法令能够认真执行的，这表明将帅与士卒之间关系相处得很好。

感悟

孔子说："其身正，不令而行；其身不正，虽令不从。"三国时期的政治家曹操，就是令行禁止的典范。

孙子兵法

建安三年（公元198年）夏，曹操亲率大军兵发宛城讨伐张绣。此时麦子已熟，曹操下令："大小将校，凡过麦田，但有践踏者，并皆斩首。"

这样，骑马的士卒都下马，用手扶着麦秆，小心地跨过麦子，这样一个接着一个，相互传递着走过麦地，没一个敢践踏麦子的。老百姓看见了，没有不称颂的，有的望着官军的背影，还跪在地上拜谢呢。

曹操骑马正在走路，忽然，田野里飞起一只鸟儿，惊吓了他的马。他的马一下子蹿入田地，踏坏了一片麦田。曹操立即叫来随行的官员，要求治自己践踏麦田的罪行。官员说："怎么能给丞相治罪呢？"

曹操说："我亲口说的话都不遵守，还会有谁心甘情愿地遵守？一个不守信用的人，怎么能统领成千上万的士兵呢？"随即抽出腰间的佩剑要自刎，众人连忙拦住。

这时，大臣郭嘉走上前说："古书《春秋》上说，法不加于尊。丞相统领大军，重任在身，怎么能自杀呢？"

曹操说："既然《春秋》上说过了，那我姑且免死。"于是用剑割下一绺头发，算作自我惩罚。曹操又派人传令三军：丞相践踏麦田，本该斩首示众，因为肩负重任，所以割掉头发替罪。

古代人认为：头发是从父母那里继承来的，随便割掉不仅大逆不道，而且还是不孝的表现。

曹操作为封建社会的政治家，能够割发代首，严于律己，实属难能可贵。"割发代首"的典故向我们揭示了依法治军、从严治军的重要性，它揭示了曹操能够统一大半个中国的成功秘诀。

第十章　地形篇

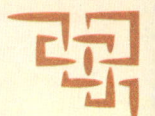

　　本篇论述用兵作战该怎样利用地形的问题，孙子从不同的角度说明了作战与地形的密切关系，强调将帅要重视对地形的研究和利用，以采取恰当的策略，夺取战争的胜利。

　　孙武指出，用兵打仗经常会遇到"通形""挂形""支形""隘行""险行""远行"六种地形。为将者应审慎判明各种不同地形并采用不同的战法加以利用。

　　比如，对敌能来、我军能往的"通行"，应"先居高阳，利粮道"，以应战敌人。他又明确地指出"地形者，兵之助也"，行军打仗如果"知彼知己"，则"胜乃不殆"，如"知天知地"，则"胜乃可全"。

　　孙子认为将帅由于指挥失误会导致"走、弛、陷、崩、乱、北"六种失败的局面，此"非天地之灾"，而是"将之过也"。他强调将帅要深刻认识自己对于军队、国家的重大责任，要"退不避罪，惟民是保"，一切以取得战争胜利为目的。

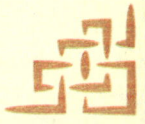

一、通形者，先居高阳

孙子曰：地形有通者，有挂者，有支者❶，有隘者❷，有险者，有远者。我可以往，彼可以来，曰通。通形者，先居高阳❸，利粮道❹，以战则利❺。

> 注释

❶ 有通者，有挂者，有支者："通""挂""支"分别指通畅、难返、狭隘等几种地形。
❷ 有隘（ài）者：指狭窄、险要的地方。
❸ 先居高阳：意为抢先占据地势高且向阳之处，以争取主动。
❹ 利粮道：指保持粮道畅通。利，此处作动词。
❺ 以战则利：以，凭借。此句承上"先居高阳，利粮道"而言，意为若能先敌抵达，占据高阳地带，并保持粮道畅通，如此进行战斗则大为有利。

> 解读

孙子说：地形有"通""挂""支""隘""险""远"等六种。凡是我们可以去，敌人也可以来的地域，叫作"通"；在"通"形地区，应抢先占领开阔向阳的高地，并积极保持粮草补给线的畅通，这样有利于对敌作战。

第十章　地形篇

感悟

在《孙子兵法》中，伟大的军事家孙子这样认为，战地地形一般有"通""挂""支""隘""险""远"六类。在"通形"地区的处置方法是：要占据地势高的位置，并且确保粮食等后勤军需供应的畅通无阻，如此便可取得战争的胜利。

"通形"地区，一般交通发达，敌我都可以进入，所以抢占了有利位置等于抓住战争的先机和主动。

三国时，荆州成了各路兵家的必争之地，因为荆州连接南北与东西，

交通四通八达，粮产丰富。孙权要一统江南，必取荆州；曹操要跨过长江，实现统一大业，必取荆州；刘备要夺取西川，也非据有荆州不可。

三家为夺取荆州绞尽脑汁，机关算尽。赤壁战败，曹操只好逃出荆州，为了联合刘备抗曹，孙权只好借出荆州。赤壁胜利是孙刘两家齐心协力的结果，刘备可以理直气壮地将荆州占为己有，但为了孙刘联盟，刘备采取诸葛亮的两全之策，用"借"字，既有生存的一席之地，又不破坏两家的联盟。由于棋高一着，刘备长时间占领荆州，并以此为根据地，向西取得了西川与汉中，孙权无话可说。

二、敌无备，出而胜之

可以往，难以返，曰挂。挂形者，敌无备，出而胜之；敌若有备，出而不胜，难以返，不利❶。

注释

❶挂形者……难以返，不利：往，前往、开往。返，返回。备，准备。出，出兵。

解读

凡是可以前进、难以返回的地区，称作"挂"。在挂形的地域上，假如敌人没有防备，我们出击就能打败他；假如敌人有防备，我们出击就不能取胜，而且难以回师，对我军就不利了。

> 感悟

　　凡是地形复杂的地方，易进难出。对于这种情况，将帅要灵活处理，在敌人没有防备的情况下，我方要出奇制胜；在敌人有防备的情况下，就要果断离开，以免造成军队的损失。

　　《三国演义》中有这样一段故事：曹操攻克南郑之后，司马懿、刘晔建议应迅速攻蜀，不然诸葛亮为相、关张为将，蜀地既定，攻取将十分困难。曹操以蜀地可以往，难以进为由，一直按兵不动。

　　曹操在胜利的情况下，审时度势，知难而退，实乃明智之举。一是劳师袭远，后方空虚，孙权、关羽如抄后路，则前后受敌；二是刘备军力充足，蜀地易守难攻，胜负难料；三是入川凶险，长途跋涉，难以持续作战。曹操在胜利时能看到部队潜在的危险，确实是一个高明的统帅。

三、令敌半出而击之

　　我出而不利，彼出而不利❶，曰支。支形者，敌虽利我❷，我无出也，引而去之❸，令敌半出而击之❹，利。

　　隘形者，我先居之，必盈之❺以待敌；若敌先居之，盈而勿从，不盈而从之。险形者，我先居之，必居高阳以待敌；若敌先居之，引而去之，勿从也。

　　远形者，势均，难以挑战，战而不利。凡此六者，地之道也，将之至任，不可不察也。

孙子兵法

> **注释**

① 彼出而不利：敌人出击也同样不会得到多大好处。

② 敌虽利我：敌虽以利相诱。利，利诱。

③ 引而去之：引，带领。去，离开、离去。引而去之，指率领部队伪装退去。

④ 令敌半出而击之：令，使。击，反击、攻打。

⑤ 盈之：指要用足够的兵力堵住隘口。盈，充满。

> **解读**

凡是会使敌我两军出击均不利的地段就叫作"支"。在"支形"的地域上，敌人虽然以利相诱，我们也不要出击，而应该率军假装退却，诱使敌人出击一半时再回师反击，这样就有利了。

在"隘"形地域上，我们应该抢先占领，并用重兵封锁隘口，以等待敌人的到来；如果敌人已先占据了隘口，并用重兵把守，我们就不要去进攻；如果敌人没有用重兵据守隘口，那么就可以进攻。在"险"形地域上，如果我军先敌占领，就必须控制开阔向阳的高地，以等待敌人来犯；如果敌人先我占领，就应该率军撤离，不要去攻打它。

在"远"形地域上，敌我双方地势均同，就不宜去挑战，勉强求战，很是不利。以上六点，是利用地形的原则。这是将帅的重大责任所在，不可不认真考察研究。

> **感悟**

对于敌我双方都不利的地形，要审慎决策，辨明凶险，不要轻易冒险出击。我方要善于利用敌方弱点，诱敌深入。然后使敌于不利，从而取得辉煌战果。

四、此六者，败之道也

故兵有走者，有弛者，有陷者，有崩者，有乱者，有北者。凡此六者，非天之灾，将之过也。

夫势均，以一击十，曰走❶。卒强吏弱，曰弛❷。吏强卒弱，曰陷❸。大吏怒而不服❹，遇敌怼而自战❺，将不知其能，曰崩。将弱不严❼，教道不明❽，吏卒无常❾，陈兵纵横❿，曰乱。

将不能料敌⓫，以少合⓬众，以弱击强，兵无选锋⓭，曰北。凡此六者，败之道也，将之至任，不可不察也。

注释

❶ 走：跑、奔，这里指军队败逃。

❷ 弛：涣散难约制。

❸ 陷：陷没。此言将吏虽勇强，但士卒没有战斗力，将吏不得不孤身奋战，力不能支，最终陷于失败。

❹ 大吏怒而不服：大吏，指小将。句意为副将愤怒，不肯服从主将的命令。

❺ 遇敌怼（duì）而自战：意为心怀不满的"大吏"遇敌时，擅

自出阵作战。怼，怨恨，心怀不满。

❻ 崩：比喻溃败。

❼ 将弱不严：指将帅懦弱无能，毫无威严以服下。

❽ 教道不明：指治军缺乏法度，军队管理不善。

❾ 吏卒无常：无常，指没有法纪、常规，军中上下关系处于失常状态。

❿ 陈（zhèn）兵纵横：指布兵列阵杂乱无章。

⓫ 料敌：指分析、研究敌情。

⓬ 合：指两军交战。

⓭ 选锋：由精选的士兵所组成的精锐部队。

解读

军队打败仗有"走""弛""陷""崩""乱""北"六种情况。这六种情况的发生，不是天时地理的灾害，而是将帅自身的过错。

在势均力敌的情况下，以一击十而导致失败的，叫作"走"。士卒强悍，却因将帅懦弱而造成败北的，叫作"弛"。将帅强悍，却因士卒懦弱而招致溃败的，叫作"陷"。偏将恚恨不服从指挥，遇到敌人愤然擅自出战，主将又不了解他们的能力，因而导致失败的，叫作"崩"。将帅懦弱缺乏威严，训练教育没有章法，官兵关系混乱紧张，列兵布阵杂乱无章，因此而致败的，叫作"乱"。

将帅不能正确地判断敌情，以少击多，以弱击强，作战又没有精锐先锋部队，因而落败的，叫作"北"。以上六种情况，均是导致失败的原因。这是将帅责任之所在，是不可不认真考察研究的。

第十章　地形篇

> **感悟**

孙子指出，将帅统兵导致军队失利的六种情况有：以弱战强、兵强将弱、将强兵弱、军令不行、秩序混乱、判断失误、以少击多。两军交战，总有胜败，聪明的将帅要善于从历史和现实总结前车之鉴，以资借鉴。

五、地形者，兵之助也

夫地形者①，兵之助也。料敌制胜，计险厄远近②，上将③之道也。知此而用战者，必胜④；不知此而用战者，必败。

> **注释**

① 夫地形者，兵之助也：地形是用兵作战的重要辅助条件。助，辅助、辅佐。
② 计险厄（è）远近：指考察地形的险要、计算道路的远近。
③ 上将：贤能、高明之将。
④ 知此而用战者，必胜：知此，言知道并懂得上述道理。用战，指挥作战。

> **解读**

地形是用兵打仗的辅助条件，正确判断敌情、积极掌握主动权、考察地形险恶、计算道路远近，这些都是贤能的将领必须掌握的要点。懂得这

孙子兵法

些道理去指挥作战的，必定能够胜利；不了解这些道理去指挥作战的，必定失败。

感悟

孙子认为地形、环境乃是决定战争胜负的一个重要因素。运用地形的最高原则在于变害为利，扬长避短。如果能因地制宜，活用地形，就可以以弱击强、以少胜多。他强调地形乃战争中不可或缺的辅助要件，将帅必须予以高度重视。

精明的战争指挥者，不仅能准确地判断敌情，并且十分重视对地形的考察，研究地形的险易、远近，并针对具体的敌情制定取胜的谋略和行动计划，从而进攻可乘虚而入，而防御可凭险坚守，稳操胜券。

汉献帝三年，即公元198年，曹操率军征伐南阳张绣。张绣联合刘表共同抗曹，曹军受挫，退兵至安众与张刘联军对峙。一日，曹操得报袁绍欲犯许都，操恐有闪失，即日回兵。探子报告张绣，张绣欲追，谋士贾诩认为追之必败。

刘表、张绣不听，率军追赶，结果中了曹操埋伏，大败而归。贾诩曰："可整兵再追，必大获全胜。"表疑之，不肯复追。绣信之，自引一军前往，曹兵果然大败。

刘表问贾诩其故。贾诩曰："前曹军败走，操善用兵，必以劲旅殿后，或以伏兵待我，必败。许都有事，曹兵急于退兵，见已破我追军，料我必不敢复追，自然不复为备，我乘其不备而追之，故能胜也。"

六、进不求名，退不避罪

故战道❶必胜，主曰无战，必战可也❷；战道不胜，主曰必战，无战可也。故进不求名，退不避罪❸，惟民是保❹，而利合于主❺，国之宝也❻。

> 注释

❶ 战道：作战态势和战争的规律。道，规律。
❷ 主曰无战，必战可也：君主说不战，违命也一定要去打。
❸ 进不求名，退不避罪：名，名誉，功名。罪，罪责。进不贪求战胜的功名，退不回避违抗君命的罪责。
❹ 惟民是保：民，百姓、民众。保，保全。此句的意思是进退

孙子兵法

处置只求保全民众。

❺ 利合于主：指符合、满足国君的利益。

❻ 国之宝也：即国家的宝贵财富。

解读

从战争规律上看来，确有必胜的把握，即使国君说不打，也可坚持去打。如不能取胜，国君却命令要打，也可坚持不去打。进不谋求战胜的名声，退不回避违命的罪责，只是想着保全百姓，举止符合国君利益，这样的将帅，是国家的宝贵财富。

感悟

军队要绝对服从命令、听从指挥，否则各行其是，必然成为一盘散沙。但军队也应坚持从实际出发，审时度势，见机行事，为的是不误战机，夺取胜利。如果一心苟且从命，一味"唯上""唯书""不唯实"，必然损兵受辱。

汉景帝三年，即公元前154年，吴王刘濞率军20万于广陵，西渡淮水，会合楚王刘戊的军队，攻占了淮阳，而后乘胜西进，其势甚锐。

景帝拜周亚夫为太尉，挥师出武关，据荥阳，进攻吴楚联军。吴楚并力攻梁，梁王刘武求救于周亚夫，周拒不发兵。梁王转而求救于景帝，景帝命周亚夫发兵救梁，周亚夫知联军势盛，但不持久，仍不发兵救梁。

周亚夫一面派遣骑兵队力出淮泗口，以绝吴楚联军之后，断其粮道；一面率大军进至昌邑，再进至下邑，深沟高垒。吴楚军听闻粮道被断，急于求战，周亚夫却仍坚壁不出。联军人心离散，刘濞引军撤退，周亚夫全力反击，大败吴楚联军，梁围不救自解。

第十章　地形篇

七、视卒如婴儿

视①卒如婴儿，故可与之赴深溪②；视卒如爱子，故可与之俱死。厚而不能使，爱而不能令③，乱而不能治④，譬如骄子，不可用也⑤。

注释

① 视：看待、对待的意思。

② 深溪：溪，山涧河沟。深溪，很深的溪涧，这里喻危险地带。

③ 厚而不能使，爱而不能令：只知厚待而不能使用，只知溺爱而不重教育。厚，厚养、厚待。令，使令、教育。意为只知溺爱而不重教育。

④ 乱而不能治：指士卒行为乖张不羁而不能加以约束惩治。治，治理，这里有惩处之意。

⑤ 譬如骄子，不可用也：此句言为将者，仅施"仁爱"而不济威严，只会使士卒成为骄子而不能使用。

解读

对待士卒就像对待婴儿一样，那样士卒就可以同他共患难；对待士卒就像对待爱子一样，那么士卒就可以跟他同生共死。如果厚待士卒而不能使用，溺爱而不能教育，违法而不能惩治，那就如同娇惯了的子女一样，

孙子兵法

是不可以用来和敌人作战的。

感悟

　　这是孙子关于亲兵、治兵的带兵思想。他主张将"爱"与"严"相结合，既要"视卒如婴儿""视卒如爱子"，更要从严治军，使之"能使""能令"。恩威并用，刚柔相济，令行禁止，不苛不弛，赏罚严明，才能让军队上下同仇敌忾，同生共死，提高军队战斗力。如果宽严无度，军队的战斗力必然锐减。

　　在战场上，不仅将领对士卒有领导作用，士卒同样对将领的指挥也会产生制约和影响。所以，孙武在兵有"六败"中，特别提出，"卒强吏弱"或"吏强卒弱"都会造成失败的结局。由此而知，协调将卒的关系是极其重要的。

　　孙武认为，将帅对待士卒如果能同对待婴儿和爱子一般关心备至，士卒就会与之共生死同患难。但若一味地娇惯纵容养出的"骄子"，也是不可用的。只有加强教育和训练，使士卒"能令""能使""能治"，部队才能出战斗力。

　　在中国的历史上，有一位爱兵如子，人人称颂的优秀军事将领，他训练的士卒就达到了"可与之赴深溪""可与之俱死"的程度。这位将领的名字叫吴起，战国初期卫国左氏人，我国古代著名的军事家、政治家、改革家，兵家代表人物。

　　吴起在治军方面，以爱惜士兵、与士兵共患难而闻名。有一年，魏文侯命令吴起统率大军攻伐秦国。西征之中，吴起与普通士兵一样，背着粮袋，徒步行走，而把战马让给了体弱的士卒骑。

　　吃饭的时候，吴起也不吃"小灶"，而是与士兵们坐在一起，围着大

第十章 地形篇

锅,喝大碗汤、吃大碗饭,有说有笑,俨然一名普通士兵。睡觉的时候,吴起还与士兵们睡在一起,以天为被、以地为席。士卒们深受感动,打起仗来,都愿意为吴起出力。

当时在吴起的部队里,有一名士兵的背上生了个疽,由于军队正在行军,一时找不到良医好药进行治疗,吴起就亲自为士兵把疽中的脓液用嘴吸出来,为这位士兵治好了病。

173

这名士兵的母亲闻讯后，竟放声大哭。邻居大感不解，说："吴将军为你儿子吸毒治疽，你不感谢吴将军，却哭泣不止，这是为什么？"

这位母亲回答道："不是我不感谢吴将军，我是想起了我的丈夫啊！我丈夫以前也是在吴将军手下当兵，也曾长了背疽，当时，也是吴将军为他吸出毒汁治好病的。丈夫感激吴起，打起仗来不要命，最终战死沙场。我儿子一定也会对吴将军感恩不尽，恐怕儿子的性命也不会长久了。"

吴起爱惜士卒，士卒甘愿为吴起拼死作战。魏、秦两军交战后，魏军连战连胜，所向披靡，秦军一退再退，接连被吴起攻占了五座城池。魏文侯闻报，非常高兴，任命吴起为西河郡守，把保卫魏国西部的重任交给了吴起。

当然，吴起也没有辜负魏文侯的信任，他率军与各路诸侯前后大战76次，全胜64次，魏国领土也扩展了千余里。

八、不知敌之不可击

知吾卒之可以击，而不知敌之不可击，胜之半也❶；知敌之可击，而不知吾卒之不可以击，胜之半也；知敌之可击，知吾卒之可以击，而不知地形之不可以战，胜之半也❷。

注释

❶ 胜之半也：胜利或失败的可能性各占一半。指没有必胜的把握。

❷ 不知地形之不可以战，胜之半也：如果不知道地形不适宜作

第十章 地形篇

战，得不到地形之助，取胜同样也只有一半的把握。

解读

只了解自己的部队可以作战，而不了解敌人不可与之对战，取胜的可能性只有一半；只了解敌人可以打，而不了解自己的部队不可以进攻，取胜的可能性也只有一半；既知道敌人可以打，也知道自己的部队能够出击，但是不了解地形不利于作战，取胜的可能性仍只有一半。

感悟

对于敌、我和地理环境这三方面的因素，如果只了解其中的某一方面，其胜负的概率必然参半，只有对敌我双方和地理环境有清楚透彻的了解，才能全面赢得战争的胜利。

公元382年冬，前秦王苻坚命吕光伐西域，吕光率步兵十万、铁甲骑兵五千西出玉门。越过荒漠，服焉耆，破龟兹，败狯胡、温宿等国，战胜西域诸国70万众，威名大震。前秦王苻坚闻报封吕光为西域校尉，都督玉门以西各军。公元385年，苻坚为姚苌所杀，苻丕才即位，担心吕光心存二心，建议凉州刺史梁熙驻高相谷口与伊吾关两处都隘口，控制水源，以制服吕光。

梁熙认为吕光长途跋涉，自己以逸待劳必能获胜。于是梁熙舍弃坚险不守，反与吕光战于安弥，安弥无险可据，5万军队一战即败。武威太守彭济倒戈，诱捕梁熙献于吕光。此乃梁熙不知地利，自取其辱，损兵折将。

九、知地知天,胜乃不穷

故知兵者①,动而不迷②,举而不穷③。故曰:知彼知己,胜乃不殆;知地知天,胜乃不穷④。

注释

① 知兵者:通晓用兵打仗之道的人。
② 动而不迷:迷,迷惑、困惑。
③ 举而不穷:举,行动。穷,困窘、困厄的意思。句意为行动自由不为所困。
④ 胜乃不穷:指胜利不会有穷尽。

解读

所以,懂得用兵的人,行动起来不会迷惑,他的作战措施变化无穷,而不困窘。所以说,了解对方,了解自己,争取胜利也就不会有危险;懂得天时,懂得地利,胜利也就永无穷尽了。

感悟

孙子十分强调天时、地利在战争中的重要作用及运用。战争是在一定的时间、空间内进行,受到气候、地形等多种自然条件的制约和影响,因此孙子把"天""地"都纳入了战争的五大制胜要素之列,认为天时、地利是决定战争胜负的一个重要因素。

将帅的基本职责在于不仅要"知彼知己",还要"知地知天",要能灵活运用天时、地利才能取得全胜。东汉末期,曹操由于缺乏对东吴的了解,就导致了赤壁大战的惨败。

公元208年,曹操率领80万大军前去征讨东吴。东吴与刘备结盟,两国展开阵势与曹军对峙于长江两岸。战前,交战双方互相派遣间谍刺探军情。曹操派周瑜当年的同学蒋干过江,以老同学的身份住在东吴的大营之中,接着又派荆州降将蔡中、蔡和向周瑜诈降。

周瑜早已看破此计,他表面上对曹操派来的这三个人摆出一副信任的态度,暗中却对他们严加监视。然后,将计就计,巧妙地利用他们,向曹军传递虚假的军事情报,并使曹操杀了水军都督蔡瑁、张允。

东吴老将黄盖与周瑜事先定下苦肉计,由他建议东吴投降曹操,周瑜故作震怒,将黄盖一顿痛打。黄盖则以此为借口向曹操诈降。然后,由东吴的谋士阚泽替黄盖送信,表示愿意降曹,对周瑜进行个人报复。

曹操听说东吴有人来降,便亲自接见了阚泽,他先表示怀疑,可是随后接到蔡中和蔡和的密信,证实黄盖确实被周瑜狠狠地毒打过,这才信以为真。周瑜看到黄盖诈降成功,又请住在东吴的奇士"凤雏"庞统继续用计。曹军中的士兵大多是北方人,不习惯于水战,一上船就晕船,一个个东倒西歪。庞统给曹操出主意,建议他们将战船用铁索锁在一起。

于是曹军的士兵们在连接在一起的战船上操演阵法,与在陆地上一样平稳,曹操见了,赞赏庞统这种做法的高明。曹操做梦也没有料到,所有这一切,都是周瑜为火烧曹军而预先做下的准备工作和设下的圈套。

这天晚上,东南风十分猛烈,黄盖安排10只战船走在前面,到江中张起风帆,其余船只依次进发。待离曹军不到两里时,东吴船只同时点火,

孙子兵法

火烈风猛,船像箭一样飞快冲入曹军船队。

一会儿,浓烟烈火布满天空,风助火威,差点烧光了曹军战船,还蔓延到岸上军营。曹军兵士战马烧死溺死不计其数。周瑜统率精兵穷追不舍,曹操带着残兵败将从华容道舍命逃奔。刘备、周瑜水陆并进,一直追到南郡,曹操率残部回到北方去了。赤壁鏖兵粉碎了曹操吞并东吴,进而一统天下的野心,也奠定了三国鼎立的局面。

第十一章　九地篇

　　本章论述了军队在九种不同的地域作战时的用兵原则，强调要善于利用在不同作战地域官兵的不同心理状态，采取相应的作战策略。

　　孙子在本篇提出了"兵之情主速，乘人之不及。由不虞之道，攻其所不戒也""并敌一向，千里杀将"等作战原则，一直为古今中外的军事家所推崇。

　　孙子在本篇指出了深入敌国作战的诸多好处，首先深入敌国后，士兵能听从命令，不易逃跑，有利于将帅的指挥，即"为客之道，深则专，浅则散"；其次，深入敌国作战，军队可以在敌国就地解决给养问题，有利于削弱敌国，而增强自身实力，即所谓"掠于饶野，三军足食"；最后士兵在敌国，深入危险境地，就会无所畏惧，奋勇作战，正所谓"士甚陷则不惧""不得已则斗"。

　　孙武认为，为了战争的胜利，有时要把部队置于死亡绝地，反而能胜利，而保存军队。处在无法避免的争战厮杀的情况之下，不战则必死、战则可能不必死的环境中，就会激发部队拼死奋斗的情绪，以必死的决心努力拼杀，以求我胜而敌败。因此将军要善于"聚三军之众，投之于险"，做到"投之亡地然后存，陷之死地然后生"。

一、衢地则合交

孙子曰：用兵之法，有散地❶，有轻地，有争地，有交地，有衢地❷，有重地，有圮地❸，有围地，有死地。诸侯自战其地，为散地；入人之地而不深者，为轻地；我得则利，彼得亦利者，为争地；我可以往，彼可以来者，为交地；诸侯之地三属❹，先至而得天下之众者，为衢地；入人之地深，背城邑多者，为重地；行山林、险阻、沮泽❺，凡难行之道者，为圮地；所由入者隘，所从归者迂，彼寡可以击吾之众者，为围地；疾战则存，不疾战则亡者，为死地。

是故散地则无战❻，轻地则无止❼，争地则无攻❽，交地则无绝❾，衢地则合交❿，重地则掠⓫，圮地则行，围地则谋，死地则战⓬。

注释

❶ 散地：诸侯在自己的领地内与敌作战，其士兵在危急时很容易逃散回家，故称"散地"。

❷ 衢（qú）地：指四通八达的地方。多国交界之地，先得到便容易取得天下支持的，为衢地。

❸ 圮（pǐ）地：指难于通行的地方。

❹ 三属：指敌我和其他诸侯国连接的地区。属，连接。

❺ 沮泽（jù zé）：水草丛生的沼泽地带。

第十一章 九地篇

⑥ 散地则无战：在散地上不宜作战。

⑦ 无止：止，停留、逗留。无止，即不宜停留。

⑧ 争地则无攻：遇到争地，我方应该先行占据；如果敌方已先行占领，则不要去与强敌争夺。

⑨ 绝：隔断、断绝。

⑩ 合交：就是结交。

⑪ 掠：掠取、抢掠。

⑫ 死地则战：军队如进入"死地"就必须奋勇作战，死里逃生。

解读

孙子说：按照用兵的原则，军事地理有散地、轻地、争地、交地、衢地、重地、圮地、围地、死地。诸侯在本国境内作战的地区，叫作散地。进入敌国境内还不深入的地区，叫作轻地。我方得到有利，敌人也得到有利的地区，叫作争地。我军可以前往，敌军也可以前来的地区，叫作交地。多国相毗邻，先到就可以获得诸侯列国援助的地区，叫作衢地。深入敌国腹地，背靠敌人众多城邑的地区，叫作重地。山林险阻沼泽等难于通行的地区，叫作圮地。行军的道路狭窄，退兵的道路迂远，敌人可以用少量兵力攻击我方众多兵力的地区，叫作围地。迅速奋战就能生存，不迅速奋战就会全军覆灭的地区，叫作死地。

因此，处于散地就不宜作战，处于轻地就不宜停留，遇上争地就不要勉强进攻，遇上交地就不要断绝联络，进入衢地就应该结交诸侯，深入重地就要抢掠粮草，碰到圮地就必须迅速通过，陷入围地就要设谋脱险，处于死地就要力战求生。

孙子兵法

感悟

孙子曰：按照用兵的法则，兵要地理有散地、有轻地、有争地、有交地、有衢地、有重地、有圮地、有围地、有死地。

诸侯在本国境内作战的地区，是散地。进入敌国浅近纵深作战的地区，是轻地。我军得到有利，敌军也得到有利的地区，是争地。我军可以往、敌军可以来的地区，是交地。三国交界、先到就可以得到诸侯列国援助的地区，是衢地。深入敌境、远离城邑的地区，是重地。行于山林、险阻、沼泽，凡是难于通行的地区，是圮地。进入的道路狭隘、退归的道路迂远、敌军能够以其少击我之多的地区，是围地。迅速奋勇作战就能生存、不迅速奋勇作战就只有死亡的地区，是死地。

因此，散地，不宜作战。轻地，不宜停留。争地，不要在被动情况下进攻。交地，部队的联系不可断绝。衢地，则应结交诸侯。重地，就要掠取。圮地，就要迅速通过。围地，就要运谋设计。死地，就要奋勇作战，死里求生。以上对战地的划分，提出了处于不同地区的作战原则，以及违背了原则的处置补救方法。这里拿"衢地则合交"来进行说明。孙子在此说明了广泛结交邻国、争取盟国的益处，强调要亲仁善邻，反对到处树敌，使自己有个良好的国际环境，以便长远发展。

二、合于利而动

所谓古之善用兵者，能使敌人前后不相及❶，众寡不相恃❷，贵贱不

第十一章　九地篇

相救③，上下不相收④，卒离而不集⑤，兵合而不齐⑥。合于利而动，不合于利而止⑦。

> [!注释]

① 前后不相及：前军、后军不能相互策应配合。及，策应。
② 众寡不相恃：众，指大部队。寡，指小分队。恃，依靠。
③ 贵贱不相救：贵，军官。贱，士卒。
④ 上下不相收：收，聚集、联系。
⑤ 卒离而不集：离，分、散。集，集中。此句的意思是士卒分散难以集中。
⑥ 兵合而不齐：虽能使士卒集合在一起，但无法让军队整齐统一。
⑦ 合于利而动，不合于利而止：合，符合。动，作战。止，不战。对我军有利就战，无利就停止。

> [!解读]

从前善于用兵打仗的人，能够使敌人前后部队不能相互策应，主力部队和小部队之间无法相互依靠，官兵之间不能相互救援，上下隔断无法聚集。至于我军，则是见对我有利就打，对我无利就停止行动。

> [!感悟]

孙子在这里提出了"合于利而动，不合于利而止"的战争指导原则。他认为高明的将帅应该选取对自己有利的时机采取行动。他们采用各种计谋使敌人力量分散，处于支离破碎的不利状态，并审时度势，根据战争的形势，进退有度，攻守有法，从而符合整体战争有利的原则。

魏青龙二年（公元234年），东吴陆逊率30万大军攻合肥，正值酷暑，人马多生疾病，陆逊打算撤退，但他不露声色，仍然让军队在营外种豆菽，自己和诸将在辕门外射箭取乐，令诸葛瑾整顿船只，张扬声势，显现出要向襄阳进发的态势。

对此，魏军捉摸不透，正在揣测谋动之际，东吴分三路大军已安然撤回。魏主曹睿叹道："陆逊用兵，不亚孙吴。""合于利而动，不合于利而止"，陆逊可谓深谙此道。

三、兵之情主速

敢问："敌众整而将来，待之若何？"曰："先夺其所爱，则听矣。"兵之情主速❶，乘人之不及，由不虞之道❷，攻其所不戒也。

注释

❶兵之情主速：情，情理。主，重在、要在。速，迅速、疾速。

❷由不虞之道：由，经过、通过。不虞，不曾料想、意料到。

解读

试问：敌人兵员众多且又阵势严整向我发起进攻，那该用什么办法对付它呢？回答是：先夺取敌人最关心爱护的，这样就听从我们的摆布了。

第十一章 九地篇

用兵之理贵在神速，乘敌人措手不及的时候，走敌人意料不到的道路，攻击敌人没有戒备的地方。

感悟

用兵贵在神速，这是孙子著名的军事思想，这里主要强调一个"速"字。俗话说，时间就是战斗力，只有争取时间、抓住战机，才能速战速决，歼敌制胜。用兵作战，贵在迅雷不及掩耳，使敌猝不及防。我军如以破竹之势，出其不意，攻其不备，即能速战速决，一举获胜。

因此，孙子一向主张兵贵神速，行动要快，行军、攻击都使敌人意料不到，来不及防范。古今中外在战役和战斗

上都要求争取速决，即使在战略上，进攻的一方也要求速决，因此，孙子这一思想具有普遍的指导意义。

"明修栈道，暗度陈仓"说的就是这个道理。公元前206年，项羽分封诸王。刘邦被封往巴蜀、汉中，心中非常不满，但在向汉中进发时，他下令烧毁了沿途的栈道，意在告诉项羽，他以后不出去了。

后来项羽陷入了与齐王田荣的战争，无暇西顾。刘邦决定北上，还定三秦。明里命樊哙遣一千兵员去修复栈道，限一个月完成。雍王章邯认为绵延数百里的栈道，就是用一年都难以修复，于是不加防范，不久，关中三王被消灭。汉军神速，原来是韩信暗中发现陈仓有一条小道可通中原。于是扬言修复栈道，以迷惑项羽和章邯，而大军从小路昼夜兼程，神不知鬼不觉地进至大散关，使章邯成为瓮中之鳖。

四、深入则专

凡为客①之道，深入则专②，主人不克③。掠于饶野④，三军足食。

> 注释
>
> ❶客：客军，指离开本国进入敌国的军队。
> ❷专：齐心、专心。
> ❸主人不克：即在本国作战的军队，无法战胜客军。主，在本地作战。克，战胜。
> ❹掠于饶野：掠取敌方富饶田野上的庄稼。

第十一章 九地篇

解读

在敌国境内进行作战的一般规则是：深入敌国的腹地，我军的军心就会坚固，敌人就不易战胜我们。在敌国丰饶的田野上掠取粮食，全军上下的给养就有了足够的保障。

感悟

孙子主张深入敌国腹地作战。他认为越深入敌境，越能使士兵心智专一，听从指挥，勇往直前；在富饶的地区作战，还可以容易获得供给，为战争胜利取得必要的保障；深入腹地，可以通过提高士气、巧设计谋来战胜敌军。公元409年，东晋刘裕率10万大军，深入南燕境内。南燕征虏将军公孙五楼主张坚守号称"齐南天险"的大岘山，阻敌深入，挫其锐气，而国主慕容超主张放敌深入，再以精锐之师出击。

南燕的纵敌深入，使晋军顺利地越过天险，一到平川，到处都是成熟的庄稼，晋军因此轻易地解决了缺粮之忧。当刘裕军至临朐，慕容超亲率9万大军迎战。晋军前锋迅速攻占城南之巨蔑水，直攻临朐，城中空虚，一攻即破，慕容超逃向广固。刘裕趁余威攻破广固，慕容超被活捉处斩，南燕亡。

五、连兵计谋，为不可测

谨养而勿劳❶，并气积力❷，运兵计谋，为不可测❸。投之无所往❹，死且不北❺。死焉不得，士人尽力。

孙子兵法

注释

❶谨养而勿劳：谨，注意。养，休整。
❷并气积力：并，合，引申为集中、保持。积，积蓄。意为保持士气，积蓄战斗力。
❸测：推测、判断。
❹投之无所往：把部队投放于无路可走的绝境。
❺死且不北：至死也不会败退。北，败北。

解读

要注意休整部队，不要使其过于疲劳。保持士气，积蓄力量，部署兵力，巧设计谋，使敌人无法判断出我军的意图。将部队置于无路可走的绝境，士卒就会宁死不退。士卒既能宁死不退，那么他们怎么会不殊死作战呢？

感悟

孙子在这里指出，在战斗中，要善于保养士兵的体力，使军队具有充沛的战斗力。并且要严守军队的机密，出兵神出鬼没，使敌人无法捉摸，无法推测我军的动向，最终落入我军的圈套。

吴王夫差即位，兴兵伐越，勾践降，做了吴王夫差的仆役。勾践立志报仇，为了迷惑吴王，勾践服侍夫差寸步不离，千依百顺。夫差生病，勾践亲尝粪便，探询病情。

夫差被勾践迷惑，以为他丧失报仇之志，于是放之回国。勾践回国后，一方面卧薪尝胆，励精图治，蓄积国力；另一方面向吴王进贡珠宝美女,装作绝对服从,使其不起疑心。

吴王夫差骄奢淫逸,杀忠臣,致使人心不稳,但勾践仍奉承、巴结他。吴王伐齐,越王派兵相随,使吴王更加深信其忠心。吴王于艾陵大败齐军,又与晋国争胜于黄池。越王勾践趁吴王新败出兵,三战三胜,最后攻克吴都,杀了吴王太子。

六、兵士甚陷则不惧

兵士甚①陷则不惧,无所往则固②,深入则拘③,不得已则斗④。是故其兵不修而戒⑤,不求而得,不约而亲⑥,不令而信⑦。禁祥⑧去疑,至死无所之⑨。

吾士无余财,非恶货也⑩;无余命,非恶寿也。令发之日,士卒坐者涕沾襟,偃卧者涕交颐,投之无所往,诸、刿⑪之勇也。

注释

❶ 甚:很、非常的意思。
❷ 无所往则固:无路可走的情况下军心就会稳固。
❸ 拘:拘束、束缚,这里指凝聚。
❹ 不得已则斗:迫不得已就会殊死战斗。
❺ 是故其兵不修而戒:修,修治、修明法令。戒,戒备、警戒。指士卒不待督促,就知道加强戒备。
❻ 不约而亲:约,约束。亲,团结。

❼不令而信：不待三令五申就能做到信任服从。信，服从、信从。

❽祥：吉凶的预兆，这里指占卜之类的迷信活动。

❾至死无所之：即使到死也不会逃避。

❿非恶（wù）货也：不是厌恶钱财。恶，厌恶。货，钱财。

⓫诸、刿（guì）：诸，专诸，春秋时吴国的勇士。刿，曹刿，春秋时鲁国的勇士。

解读

将部队置于无路可走的绝境，士卒就会宁死不退。士卒既能宁死不退，又怎么会不殊死作战呢？士卒深陷危险的境地，心里就不再存有恐惧，无路可走，军心自会巩固。深入敌境，军队就不会离散。遇到迫不得已的情况，军队就会殊死奋战。因此，这样的军队无须整饬就能注意戒备，不用强求就能完成任务，无须约束就能亲密团结，不待申令就会遵守纪律。禁止占卜迷信，消除士卒的疑虑，他们就至死也不会逃避。

我军士卒没有多余的钱财，并不是不爱钱财；士卒置生死于度外，也不是不想长寿。当作战命令颁布之时，坐着的士卒泪沾衣襟，躺着的士卒泪流满面，但把士卒置于无路可走的绝境，他们就都会像专诸、曹刿一样的勇敢。

感悟

孙子指出，军队将士越是深入险恶的环境，越是无路可退，就会更加自觉严明，团结一致，战斗力也会越强，这样将能取得意想不到的效果。

孙武说："疾战则存，不疾战则亡者，为死地。""死地，吾将示之以不活。""死地则战。"军处死地，奋力拼杀则生，必死则生，不奋力拼杀就必然灭亡，幸生则死。在这样的地方，应当告诉士卒，抱定必死的决心，奋勇作战，死里求生。

《吴王孙武问对》中有关于死地作战问题的论述。吴王问孙武曰：吾师出境，军于敌人之地。敌人大至，围我数重，欲突以出，四塞不通，欲励士激众，使之投命溃围，则如之何？

武曰：深沟高垒，示为守备，安静勿动，以隐吾能，令告三军，示不得已，杀牛燔车，以飨吾士。烧尽粮食，填夷井灶，割发捐冠，绝去生虑，将无余谋，士有死志。于是砥甲砺刃，并气一力，或攻两旁，震鼓急躁，敌人亦惧，莫知所当。锐卒分行，疾攻其后，此是失道而求生。故曰：困而不谋者穷，穷而不战者亡。

吴王问："如果我师出境，驻扎于敌人之地，敌兵忽然大至，围我数重。欲突围而出，则四塞不通。我欲励士激众，使他们拼命溃围，应如何办呢？"

孙武答道："这时应深沟高垒，示敌人有守备；暂时安静勿动，以隐藏我军之本领。再告令三军，说明情况之不得已。然后杀牛焚车，让士兵饱食一顿。接着便烧尽粮食，填平井灶；人人割发弃冠，断绝生还的念头。于是加固坚甲，磨利锋刃，并气一力，攻其两旁。然后战鼓齐鸣，杀声震天，敌人闻之畏惧，莫知所当。我军以锐卒分行，疾攻其后，必能突围。这就是失误而求生之道。所以说：困而不谋者穷，穷而不战者亡。"

这就是孙武对死地战法的具体解释。

陈胜、吴广揭竿而起，真可谓不得已而为之。秦二世元年，就是公元前209年，陈胜、吴广等贫苦农民900多人，从淮河流域被强征去渔阳戍守。当他们行至大泽乡，连遇暴雨，道路不通，误了去渔阳的日期，按照秦法，戍卒误期要斩首。

就是说，走也是死，不走也是死，于是陈胜、吴广密谋起义。他们斩木为兵，揭竿为旗，杀秦尉，攻城略地，各地农民踊跃回应，欢欣鼓舞，地主豪绅望风而逃。

义军很快攻下陈县，陷入水深火热的民众纷纷响应，很快便成为数万之众。众人公推陈胜为王、吴广为假王，国号"张楚"，使强大的秦王朝处于风雨飘摇之中。

七、齐勇若一，政之道也

故善用兵者，譬如率然。率然者，常山之蛇也❶。击其首则尾至，击其尾则首至，击其中则首尾俱至。敢问："兵可使如率然乎？"曰："可。"夫吴人与越人相恶也，当其同舟而济，遇风，其相救也如左右手。是故方马埋轮，未足恃也❷；齐勇若一，政之道也❸；刚柔皆得，地之理也。故善用兵者，携手若使一人❹，不得已也。

注释

❶ 率然者，常山之蛇也：率然，古代传说中的一种蛇。常山，即恒山，五岳中的北岳，在今山西大同。汉时为避文帝刘恒讳，改称常山。

❷ 方马埋轮，未足恃也：将马并排地系缚在一起，将车轮埋起来，想用此来稳定部队，以示坚守的决心，是靠不住的。

第十一章　九地篇

❸ 齐勇若一，政之道也：齐，齐心协力。政，治理、管理的意思。

❹ 携手若使一人：领导三军将士，就像领导一个人那样容易。

解读

善于指挥作战的人，能使部队自我策应如同"率然"蛇一样。"率然"是常山地方一种蛇，打它的头部，尾巴就来救应；打它的尾，头就来救应；打它的腰，头尾都来救应。试问：可以使军队像"率然"一样吗？回答是：可以。那吴国人和越国人是互相仇视的，但当他们同船渡河而遇上大风时，他们相互救援，就如同人的左右手一样。

所以，想用把马并缚在一起、深埋车轮这种显示死战决心的办法来稳定部队，那是靠不住的，要使部队能够齐心协力奋勇作战，关键在于部队管理教育有方；要使优劣条件不同的士卒都能发挥作用，根本在于恰当地利用战区地形。

所以，善于用兵的人，能使全军将士携起手来像一个人一样，这是由于他能造成一种形势，使部队不得不这样做的缘故。

感悟

孙子在这里强调了领导艺术和将士齐心的问题，管理部队要有方，指挥者或领导者要使军队能够协调一致，形成整体的作战指导思想。孙子认为作战是两军集体力量的较量，而不是个体之间的斗勇角力。

这种"治众""斗众"的指挥艺术，需要具备统军御众的才能，指挥三军像指挥一个人一样，使各部队之间，能够相互策应，相互配合，互相救援，形成一个有机的整体。

孙子兵法

宋将岳飞治理军队的确达到了"携手若一人"的良好成效。岳飞非常亲爱其部卒，"卒有疾，亲为之调汤药；诸将远戍，遣妻慰劳其家；将士战死，厚祀而育其孤；凡有赏赐，均给将士"。

但岳飞治军又是非常严格和功过赏罚分明的。有一次，一部将分赏不均，岳飞立即将之处斩。由于岳飞部队令行禁止、纪律严明，对百姓秋毫无犯，能做到"冻死不拆屋，饿死不掳掠"。所以，岳家军所到之处，群众夹道相迎，"额手示敬，感慕至泣"。

为了抗击金人，收复失地，岳飞从建炎二年（1128年）遇到抗金名将宗泽后的十余年间，率领岳家军同金军进行了大小数百次战斗，每次战

斗,"岳家军"都能切实执行他的命令,奋勇争先,取得胜绩。

绍兴十年(1140年),完颜兀术毁盟攻宋,岳飞继续挥师北伐,先后收复郑州、洛阳等地,又于郾城、颍昌大败金军,进军朱仙镇。金人流传有"撼山易,撼岳家军难"的评语。

八、静以幽,正以治

将军之事❶,静以幽❷,正以治❸;能愚士卒之耳目,使之无知❹。易其事,革其谋,使人无识❺;易其居,迂其途,使人不得虑❻。

注释

❶ 将军之事:将,动词,主持、指挥的意思。此句意为指挥军队打仗的事。

❷ 静以幽(yōu):静,冷静。以,同"而"。幽,高深莫测。

❸ 正以治:即严肃公正而治理得宜。治,治理、有条理。

❹ 能愚士卒之耳目,使之无知:愚,蒙蔽、蒙骗。句意为能够蒙蔽士卒,使他们不能知觉。

❺ 易其事,革其谋,使人无识:变更正在做的事情,改变计谋,使他人无法识破。易,变更。革,改变、变置。

❻ 易其居,迂其途,使人不得虑:更换驻防的地点,行军迂回,使敌人无法图谋。虑,图谋。

孙子兵法

解读

在指挥军队这件事情上，要做到考虑谋略沉着冷静而幽深莫测，管理部队公正严明而又有条不紊。要能蒙蔽士卒的视听，使他们对于军事行动毫无所知；变更作战部署，改变原定计划，使人无法识破真相；并不时变换驻地，故意迂回前进，使人不能揣测其行动的意图。

感悟

孙子在这里讲的是为帅之道，要处危不乱，具有远见卓识，要"静、幽、正、治"。人们仰慕诸葛亮在"空城计"中的沉着冷静、在"隆中对"时的远见卓识、在"舌战群儒"中的条理分明，无不体现孙子所提倡的"静、幽、正、治"。不过历史上另一个宰相，东晋的谢安也很出色。

公元383年，前秦王苻坚以90万之军伐东晋，连陷重镇，认为他的军队投鞭便可断流，灭晋不在话下。东晋君臣惊慌失措，唯宰相谢安泰然处之，推荐谢石、谢玄率军8万拒秦。

谢石、谢玄问他破敌之策，谢安回答说："到时自有安排。"然后驾车出游，至夜方归。谢安回到府中之后连夜发布号令，对众将指示机宜，众将无不信服。结果，淝水一战，晋军以弱胜强。当捷报送到谢安处，他正在与客人下围棋。当客人问他战况如何时，他淡淡地回答："小儿辈大破贼。"后人评他具有"静以幽、正以治"的大将风度。

唐朝的浙东观察使王式也是一个这样有远见卓识的人。

唐宣宗大中十三年（859年），浙江出现了一伙以裘甫为首的盗贼，屡次击败前来镇压的官军，浙东地区山林海岛中的盗贼以及其他地方的无赖亡命之徒，纷纷云集于裘甫的旗帜之下，部众很快发展到3万余人，裘甫自称天下都知兵马使，大量聚积资财粮草，雇请优良的工匠，锻造军用器械，其浩大的声势震动了中原。

浙东观察使郑祇德几次派兵前去镇压，全为裘甫所败，郑祇德只好向朝廷上表告急。宰相夏侯孜推荐前安南都护王式前去浙东征讨。于是，唐懿宗任命王式为浙东观察使，替换郑祇德。

王式入朝，懿宗问王式有关讨伐裘甫贼军的方略。王式回答说："只要给我多派军队，贼军很快可以攻破。"

有个宦官说："大量调发军队，所花的军费太大，并非良策。"王式对这些只会阿谀奉承的宦官不屑一顾，说："实际上调发的军队多，将贼军迅速消灭，所用的军费反而可以节省。若调发的军队少，不能战胜贼军，或者是将战事拖延几年几月，贼军的势力日益壮大，江淮之间的群盗就将蜂起响应。现在国家的财政用度几乎全部仰仗于江淮地区，如果这一地区被叛乱的贼众阻挠，使财赋输送之路不通，就会使上至九庙、下及北门十军，都没有办法保证供给，那样耗费的费用岂可胜计？"宦官无言以对。

唐懿宗于是颁下诏书，调忠武、义成、淮南诸道军队交给王式指挥。王式进入浙东观察使治所越州，与郑祇德交接政务后，便开始重新修订军令、军纪。经过王式的整治，先前叫嚷军饷用度不足的人不再吭声了，声称患病卧床的也起来干事了，要求先升官再出战的人也不再说话了。

王式还了解到，先前，裘甫派间谍潜入越州，越州官吏竟收藏他们，给他们提供饮食。州府文武吏也往往与裘甫军间通款曲，以求城被贼军攻破的时候能免死并保全妻子儿女。州府中的秘密和暗语，裘甫军全都从他们那里得知。

王式暗中将这一切查明，把通敌将吏全部逮捕处斩，严格门禁法规，规定没有经过严格检查的人不得出入。夜里安排周密的警戒，这样裘甫无法

孙子兵法

再探听官军的虚实。巩固了后方以后,王式开始布置对裘甫作战,实施自己的战略意图。王式命令越州所属诸县打开仓库储粮,用以赈济贫苦乏食的百姓,有人说:"裘甫贼寇还未消灭,军粮正急于要用,不可散发。"

王式说:"这就不是你所能知道了的。"有人请求建烽火台,用来警报贼寇的来犯,以及报告来犯贼寇的远近、众寡。王式只是笑了一笑,而不予答应。众将士不知王式葫芦里卖的到底是什么药,有人甚至怀疑王式会不会用兵。

对裘甫贼军的进攻开始了。王式挑选出懦弱的士兵,让他们骑上强健的战马,配以很少的武器,作为侦察骑兵,前去迎敌。部下众人都感到十分奇怪,但也不敢多问。官军在王式的指挥下,几次与裘甫军交锋,大败贼军,最后裘甫被围困在剡县城中。贼军城中无粮,水源被断绝,裘甫被

迫出城投降。在庆功会上，王式与大家痛饮，欢笑。诸镇将领对王式指挥作战的奥秘仍不理解，于是前来向王式请教说："我们这些人生长在军队行伍之中，久经战阵，今年能够随从您攻破裘甫贼党，实在是荣幸，但我们有些事仍然没有明白过来，敢问明公：您刚到越州赴任时，军粮正极紧张，而您却将官府仓库的屯粮散发给百姓，赈救贫困乏粮者，其中用意是什么？"

王式解释说："这个道理容易理解，裘甫贼众聚谷米引诱饥饿的人民，我分发粮食，饥民就不会被裘引诱入伙为盗，况且诸县守兵极少，裘甫贼军赶到，官府的谷米正好成为贼寇的资粮，为盗贼所用。"诸将又问道："您不设置烽火台，这又是为什么？"

王式说："设烽火台不过是为了求取救兵，我手下的军队都已安排了任务，全都开拔，越州城中没有军队可用作援兵，设置烽火台不过是徒费工夫，惊扰士民，使我军自乱溃散而已。"诸将又问："您派懦弱的士兵充当侦察兵，而且给他们配以很少的武器，这又是什么道理呢？"

王式淡淡地一笑，说："如果侦察兵选派勇武敢斗的士兵，并配给锋利的兵器，遇到敌人就可能会不自量力上前搏斗，搏斗战死，就没有人回来报告，我们就不知道贼军的到来，这样的侦察兵有什么用呢？"众部将听完后，一一点头，都十分佩服王式有谋略，并说道："这都不是我们的智力所能达到的！"

九、登高而去其梯

帅与之期，如登高而去其梯❶。帅与之深入诸侯之地，而发其机❷，焚舟破釜❸，若驱群羊，驱而往，驱而来，莫知所之。

聚三军之众，投之于险，此谓将军之事也。九地之变，屈伸之利❹，人情之理，不可不察。

凡为客之道，深则专，浅则散。去国越境而师者，绝地也；四通者，衢地也；入深者，重地也；入浅者，轻地也；背固前隘者，围地也；无所往者，死地也。是故散地，吾将一其志；轻地，吾将使之属；争地，吾将趋其后；交地，吾将谨其守；衢地，吾将固其结；重地，吾将继其食；圮地，吾将进其涂；围地，吾将塞其阙；死地，吾将示之以不活。

故兵之情，围则御，不得已则斗，过则从❺。

注释

❶ 帅与之期，如登高而去其梯：期，约定。句意为主帅赋予军队作战任务，要断其退路，犹如登高而去梯，使之勇往直前。

❷ 帅与之深入诸侯之地，而发其机：统帅与军队深入敌国，就如击发弩机射出的箭一般，笔直向前而不可复回。

❸ 焚舟破釜（fǔ）：即破釜沉舟，决一死战之意。焚舟，焚烧船只。破釜，砸破锅灶。

❹ 屈伸之利：根据实情，该屈则屈，该伸则伸。

❺ 过则从：士兵陷入危险的境地，就会听从指挥。过，指深陷危境之中。从，服从指挥。

解读

将帅向军队分派作战任务后，要使其像登上高楼而去掉梯子一样，有

第十一章　九地篇

进无退。将帅率领士卒深入诸侯国土，要像弩机发出的箭一样勇往直前。要烧掉舟船，打碎煮饭的器皿，以示死战的决心。对待士卒要能如驱赶羊群一样，使他们只知服从命令往前走，却不知道要到哪里去。

集结全军，把他们置于险境，这就是统率军队的要点。九种地形的应变处置，攻防进退的利害得失，全军上下的心理状态，这些都是作为将帅不能不认真研究和周密考察的。

在敌国境内作战的规律是：深入敌境则军心稳固，浅入敌境则军心容易涣散。进入敌境进行作战的称为绝地；四通八达的地区叫作衢地；进入敌境纵深的地区叫作重地；进入敌境浅的地区叫作轻地；背有险阻前有隘路的地区叫作围地；无路可走的地区就是死地。因此，在散地，要统一军队意志；在轻地，要使营阵紧密相连；在争地，要迅速出兵抄到敌人的后面；在交地，就要谨慎防守；在衢地，就要巩固与列国的结盟；入重地，就要保障军粮供应；在圮地，就必须迅速通过；陷入围地，就要堵塞缺口；到了死地，就要显示死战的决心。

所以，士卒的心理状态是：陷入包围就会竭力抵抗，形势逼迫就会拼死战斗，身处绝境就会听从指挥。

感悟

孙子在此提出了"登高去梯"之计，这要求将帅在指挥作战时，要善于蒙蔽、使用士兵，断绝他们一切退路，让他们能进不能退，从而听从指挥，与敌人决一死战。

秦二世三年，就是公元前206年，秦军大败赵军，赵王歇退守巨鹿，秦将王离率军包围巨鹿。赵王四处求救，楚怀王命宋义、项羽率军救赵。楚军行至安阳，宋义害怕，临阵退缩，一连几天不肯前进。

孙子兵法

项羽下令,每人只带三天干粮,砸破所有的饭锅,凿沉所有的渡船,准备决一死战,不解巨鹿之围决不生还,以此鼓舞全军将士。接着,项羽接连发动九次攻击,以一当十,锐不可当,终于大破秦军,俘秦将王离。经此一战,项羽名震天下,成为各路诸侯军之领袖。

然而,"登高去梯"之计亦可作为临敌作战时的一种计策,即是先制造某种让敌人有机可乘的局面,引诱他们进入圈套后,再断其后路,给予致命的打击。

十、夫霸王之兵,伐大国

是故不知诸侯之谋者,不能预交;不知山林、险阻、沮泽之形者,不能行军;不用乡导者,不能得地利。四五者不知一,非霸王之兵也。夫霸王之兵,伐大国,则其众不得聚❶;威加于敌,则其交不得合❷。

注释

❶其众不得聚:指敌国军民来不及动员和集中。
❷威加于敌,则其交不得合:国家强大的威力施加在敌人头上,使他在外交上无法联合诸国。

解读

所以,不了解诸侯列国的战略意图,就不要与之结交;不熟悉山林、险阻、沼泽等地形情况,就不能行军;不使用向导,就无法得到地利。这些情况，如有一样不了解，都不能成为称王争霸的军队。凡是称霸的军队，进攻敌国，能使敌国的军民来不及动员集中；兵威加在敌国头上，能够使敌方的盟国无法配合策应。

感悟

孙子认为，真正雄霸天下的威武之师，在战争中要先入为主，先发制人，掌握战争的主动权，一旦起兵攻伐敌国，便可使其措手不及，兵不得聚，人心散乱，军无斗志，盟国也不敢驰援。春秋战国晚期秦国的军队，就是这样一支军队。秦军是当时最强大的铁军，他们横扫六国，北击匈奴，南攻蛮族，最终完成了中国的统一。

十一、投之亡地然后存

是故不争天下之交，不养天下之权，信己之私❶，威加于敌，故其城可拔，其国可隳❷。施无法之赏，悬无政之令，犯三军之众，若使一人。

犯之以事，勿告以言，犯之以利，勿告以害。投之亡地然后存，陷之死地然后生。夫众陷于害，然后能为胜败❸。

注释

❶ 信己之私：信，通"伸"，指"伸展"。私，意图、力量。默默地伸展自己的力量。

❷ 隳（huī）：通"毁"，毁灭、毁坏的意思。

孙子兵法

❸夫众陷于害，然后能为胜败：只有把军队投置于险恶的境地，才能取胜。害，害处，指恶劣的环境。

解读

所以"霸王"者不必争着与天下的诸侯联合，不必培养自己的权威，偷偷地伸展自己的力量，把威力加于人，这样，就可以攻拔敌人的城邑，毁灭敌人的国家。施行法令上没有规定的奖赏，颁布打破常规的命令，指挥全军将士，像使唤一个人一样。

使用他们作战，不要告诉他们作战的理由。使用他们去争利，只告诉他们有利的一面，不要告诉他们有哪些危害。将士卒投置于危亡境地，才能转危为安。使士卒陷身于死地，才能起死回生。军队深陷绝境，然后才能反客为主，赢得胜利。

感悟

"投之亡地然后存，陷之死地然后生"是孙子的一句名言，也是他认为将领带兵打仗的一种有用的方法。他认为如果将三军置于"死地""危地""重地"后，既不可能退避，也不可能坚守自保，必然会同心协力，奋力作战，以超常的勇气与敌人决一死战，这样反而可能化险为夷，反败为胜。

梁武帝大通元年，即公元527年，梁将陈庆之守卫涡阳城，与魏军对峙长达数月，经过了上百次交战，梁军已非常疲乏。这时，魏军援军又想在梁军的后方构筑营垒。

梁军诸将怕腹背受敌，商议退兵。陈庆之则认为现在梁军消耗极大，丧失斗志，应先将他们置之死地，再与敌人交战，必能取得胜利。于是，诸将依计行事，率军夜袭魏军，在攻下四个营垒后，士气依然高涨，再驱赶着俘虏向魏营发起进攻，大败魏军。

十二、并敌一向，千里杀将

故为兵之势，在于顺详敌之意❶，并敌一向，千里杀将❷，此谓巧能成事者也。

注释

❶ 在于顺详敌之意：顺，假借为"慎"，谨慎的意思。详，详细考察。句意为用兵作战要审慎地考察敌人的意图。

❷ 并敌一向，千里杀将：并敌一向，集中主要兵力，选定恰当的主攻方向。杀将，擒杀敌将。

解读

所以，指导战争这种事，在于谨慎地观察敌人的战略意图，集中兵力攻击敌人的一个部分，这样就可以千里奔袭，擒杀敌将。这就是所谓巧妙用兵，实现克敌制胜的目标。

感悟

孙子这里论述了集中兵力攻击敌人一个部分，从而巧妙地获得战争胜利的思想。在战争中首先要弄清楚敌军真实的战略意图，然后集中兵力于某个主要方向，攻击敌人，以取得成功。无论攻或防，都采用集中兵力打击敌人之一部分的战术,这是兵家共同的主张。

十三、践墨随敌,以决战事

是故政举之日①,夷关折符②,无通其使,厉于廊庙之上③,以诛其事。敌人开阖④,必亟入之。先其所爱,微与之期⑤。践墨随敌⑥,以决战事⑦。是故始如处女,敌人开户;后如脱兔,敌不及拒⑧。

注释

① 政举之日:指决定战争的日期。

② 夷(yí)关折符:夷,平毁,填平,这里指封锁。符,古时用木竹、铜等做成的牌子,上刻图文,分为两半,各执一半,作为凭证。这句的意思是封锁关口,废除通行凭证。

③ 厉于廊庙之上:厉,即"砺",意为反复计议。廊庙,庙堂,帝王处理政事的地方。

④ 阖(hé):本义为门扇,引申为关闭。敌人开阖,指敌人有隙可乘。

⑤ 微与之期:微:作"无"字解。期,指约期交战,意即不要同敌人约期交战。

⑥ 践墨随敌:践,是遵守、遵循的意思。墨,意为原则。

⑦ 以决战事:以决定战争胜负问题,即求得战争的胜利。

⑧ 始如处女,敌人开户;后如脱兔,敌不及拒:刚开始时如处

女般柔弱沉静，使敌人放松戒备；随后如脱逃的兔子一样行动迅捷，使敌人来不及抗拒。

解读

因此，在决定战争方略的时候，就要封锁关口，废除通行符证，不允许敌国使者往来；要在庙堂里再三谋划，做出战略决策。敌人一旦出现间隙，就要迅速乘虚而入。首先夺取敌人战略要地，但不要轻易与敌约期决战。要灵活机动，因敌情来决定自己的作战行动。因此，战斗展开之前要像处女那样显得沉静柔弱，以诱使敌人放松戒备。战斗展开之后，则要像脱逃的野兔一样行动迅速，使敌人措手不及，无从抵抗。

感悟

两国相争，两军相斗，不可能完全按照原定作战方案不折不扣地执行。一般要根据敌情、我情两变法灵活掌握运用，作战时要静如处女、动如脱兔。

三国时，魏国的程昱据守鄄城，手下的兵士只有700人，曹操听说袁绍在黎阳将要南渡，便想再给程昱补充2000名士兵，但程昱不愿接受。

他说："袁绍拥有70万大军，自认为所向无敌，现在他看我的兵这么少，必然不会来攻我。如果为我补充兵员，袁绍反倒会来进攻。那么我就是有2700人，也不是袁绍的对手。"

后来，袁绍果然因为程昱兵少，未攻鄄城。曹操对其谋士说："程昱的胆量胜过古代勇士孟贲、夏育。"他根据袁绍好大喜功的性格，巧妙地采取了不增兵的策略，终于保住了鄄城。此例证明程昱棋高一着，胜过了曹操。

孙子兵法

东汉时的云中太守廉范也是能够根据敌情灵活运用战术的优秀将领之一。公元73年，北方匈奴发兵攻打云中，廉范率众抵抗。汉军人马少，要与敌军抗衡怕是寡不敌众。有人提议去求援兵，廉范不同意，他告诉大家要靠智谋战胜敌人。

面对强敌，廉范想出了一条"添"兵的妙计。他设计制作了一种十字形的火炬，吩咐每个士兵都手持一个火炬，手握一头，点着余下的三头，然后叫士兵们分散站开。远远看上去，一个人变成了三个人。

匈奴果真中了计，以为汉军的援兵赶到了，于是不敢进攻。天亮后，匈奴打算撤退，廉范下令追击敌人，匈奴兵争相逃命。自此以后，云中再没遭到匈奴人的进犯。

第十二章　火攻篇

　　本篇专门论述向敌军进行火攻的各种问题，诸如火攻的对象、作用、条件、方法，以及在火攻过程中应该注意的问题。

　　孙武认为，火攻有火人、火积、火辎、火库、火队五种，即焚烧敌军的营寨、积聚、辎重、府库和运输设施等，着眼在摧毁敌人的人力、物力和运输线。这五种火攻方法必须变化运用，同时，这种策略我军可以掌握，敌军也可以掌握，故应该注意防备。

　　另外，他还指出火攻必须具备的条件，除了引火的器材必须平时备有，即"行火必有因，烟火必素具"等实施火攻的物质条件之外，纵火时还要选择天时，要具有"发火有时，起火有日"的气象条件，即要选在天气干燥和刮风的日子放火。

　　孙子虽然重视火攻，但只是把火攻作为辅助进攻的一种形式，强调实施火攻必须和士兵的进攻互相配合，他指出"以火佐攻者明，以水佐攻者强"，火攻、水攻虽然威力强大，但如不适时投入兵力，同样不能取胜，也就是说主辅之间必须密切配合，才能发挥作用，达到夺取胜利的目的。

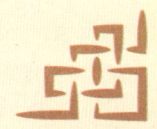

一、凡火攻有五

孙子曰：凡火攻有五，一曰火人①，二曰火积，三曰火辎，四曰火库②，五曰火队③。

行火必有因④，烟火必素具⑤。发火有时⑥，起火有日。时者，天之燥⑦也；日者，月在箕、壁、翼、轸⑧也，凡此四宿者，风起之日也⑨。凡火攻，必因五火之变而应之⑩。

注释

① 火人：火：焚烧。指焚烧敌军人马。

② 火积、火辎、火库：指焚烧粮食、辎重、仓库等。

③ 火队（suì）：焚烧敌人运输设施。队，通"隧"，道路的意思。

④ 因：依据、条件。

⑤ 烟火必素具：烟火，指火攻的器具燃料等物。素，平昔、经常的意思。具，准备妥当。

⑥ 发火有时：意为发起火攻要选择有利的时机。

⑦ 燥：指气候干燥。

⑧ 箕（jī）、壁、翼（yì）、轸（zhěn）：中国古代星宿之名称，是二十八宿中的四个。

第十二章 火攻篇

❾ 凡此四宿（xiù）者，风起之日也：四宿，指箕、壁、翼、轸四个星宿。古人认为月亮行经这四个星宿位置时，便是起风的日子。

❿ 必因五火之变而应之：因，根据、利用。五火，即上述五种火攻的方法。应，策应、对策。句意为根据五种火攻所引起的敌情变化，适时地运用军队进行策应。

解读

孙子说：火攻形式共有五种，一是火烧敌军人马，二是焚烧敌军粮草，三是焚烧敌军辎重，四是焚烧敌军仓库，五是火烧敌军运输设施。

实施火攻必须具备条件，火攻器材必须平时即有准备。放火要看准天时，起火要选好日子。所谓天时是指气候干燥；所谓日子是指在月亮行经"箕""壁""翼""轸"四个星宿位置的时候，凡是月亮经过这四个星宿的时候，就是起风的日子。用火攻，必须根据五种火攻所引起的不同变化，灵活机动部署兵力进行配合策应。

感悟

孙子在这里指出火攻必须具备的条件，这些条件包括易燃的物质、干燥的天气和有利的风向等。古代利用火攻取得胜利的战例很多。

唐朝大将哥舒翰向东追赶崔乾祐军，追至一条险要的狭谷。崔军占据高处，以滚木礌石打击唐军，唐军伤亡甚众。哥舒翰令士卒用毡毯保护头部，用柴草盖着车马向前冲，眼看就要冲出峡谷，却在此时刮起强劲的东风。

崔乾祐见唐军逆风而来，并采用易燃物资遮护人马车辆，随即采用火攻，向谷中投入火种，一时浓烟滚滚、烈火熊熊，扑向唐军，唐兵不战自乱，自相践踏，死伤无数。

二、五火之变，以数守之

火发于内，则早应之于外①。火发而其兵静者，待而勿攻。极其火力②，可从③而从之，不可从而止。火可发于外，无待于内④，以时发之⑤，火发上风，无攻下风⑥，昼风久，夜风止。凡军必知五火之变，以数守之⑦。

注释

❶早应之于外：早用兵在外面策应，使内外齐攻，一举袭击敌人。

❷极其火力：让火势烧至最旺之时。极，尽。

❸从：跟从，这里指用兵进攻。

❹无待于内：不必等待内应。

❺以时发之：根据气候、月象的情况实施火攻。以，根据、依据。

❻火发上风，无攻下风：上风，风向的上方；下风，风向的下方。

❼以数守之：数，星宿运行度数，此指气象变化的时间，即前所述之"发火有时，起火有日"等条件。句意为等候火攻的条件。

第十二章　火攻篇

> **解读**

如果从敌人营内放火，就要及时用兵在外面策应。火已经烧起来，敌人仍然保持镇静的，就应略作等待，不要马上发动攻击。在火势很旺时，还应看情况，可以进攻就进攻，不可以进攻就停止。火可以从外面放，这时就不必等待内应，按时放火就行了。从上风放火时，不要在下风进攻，白天风刮久了，晚上风就容易停止。军队必须懂得这五种火攻方法的变化运用，而等待时机到来时实施火攻。

> **感悟**

火攻应注意内外结合，在实施火攻的过程中，不仅要熟悉季节的变化，知道每个季节的风向，还应视敌人的实际情况或攻或止，如果不辨风向和敌情，势必损兵折将。

西晋永宁元年（公元301年），益州刺史罗尚，准备夜间火攻起义军李特兵营。李特事先得知了消息，便严加戒备，并设有伏兵。待官军到达后，义军按兵不动，官军纵火，义军仍然镇静。罗尚贸然发起进攻，于是义军伏兵齐出，内外夹攻，大败官军。

三、不修其功者，凶

故以火佐攻者明，以水佐攻者强。水可以绝，不可以夺。夫战胜攻取，而不修其功者，凶❶，命曰费留❷。故曰：明主虑❸之，良将修❹之。

孙子兵法

注释

❶不修其功者,凶:如不能及时论功行赏,巩固胜利成果,则有祸患。

❷命曰费留:指若不及时赏赐,将士不用命,致使战事迟延或失败,军费将如流水般逝去。

❸虑:谋虑、思考。

❹修:治,处理之意。

解读

用火来辅助军队进攻,效果显著;用水来辅助军队进攻,攻势必能加强。水可以把敌军分割隔绝,但却不能焚毁敌人的军需物资。凡打了胜仗,攻取了土地城邑,而不能及时论功行赏,巩固其胜利成果,就必定会有危险,这种情况叫作"费留"。所以说,明智的国君要慎重地考虑这个问题,贤良的将帅也应当认真地处理好这个问题。

感悟

孙子在这里强调要及时巩固胜利果实。如果胜利得不到巩固,就会导致失败。明崇祯十七年(1644年),闯王李自成率领大军进入北京,秋毫无犯,法令严明,使北京秩序很快恢复正常,不久之后,接管全国地方政权一半以上。

大好形势让义军将帅冲昏了头,牛金星忙于应酬,刘宗敏忙于催饷,而李自成霸占了吴三桂的爱妾陈圆圆,激起天怒人怨。本已答应归降的吴三桂,立即叛变,占领山海关,引清军入关进入北京。李自成出战失败,

第十二章　火攻篇

刘宗敏迎战再次失败,这支浩浩荡荡的农民起义军入城仅42天,便又急忙地撤出北京。

楚汉相争的时候,汉高祖刘邦以垓下一战消灭了楚霸王项羽的主力统一了全国。在这之后,刘邦虽然大封功臣,但封的都是他的亲信,如张良、萧何、曹参等20多位最早追随他的人。其余的将领见此,心中渐生不满情绪。

一天,刘邦去洛阳南宫,在路途中,他看到将领们三五成群地坐在地上谈论着什么。刘邦忙问张良:"你知道他们在说些什么吗?"张良回答道:"您难道不知道吗?这些人是在谋反呢。"

刘邦听了不解地问:"天下已经安定,为什么还要反呢?"张良说:"您原先是个普通的人,是依靠了这些人,才取得了天下。而您现在所封的功臣,是萧何、曹参这一班故人,又诛杀了一些您平时憎恶和不信任的人。所以这些人既怕得不到封赏,又怕因为有什么过失引起您的憎恨而招来杀身之祸,总聚在一起发泄愤愤不平的心情。"

张良的话使刘邦十分忧虑,他又向张良讨主意:"那你说该怎么办呢?"张良想了想说:"您现在最讨厌的，而群臣将士又都很清楚的人是谁呢？"

刘邦回答道："雍齿与我有旧怨，曾经几次使我受到羞辱、感到窘迫，我几次想杀掉他，可因为他功劳大，又不太忍心下手。"

于是，张良向刘邦建议："现在应该立即封雍齿，群臣将士们看到雍齿能封侯，不满和游移之心就会安定。"

刘邦依照张良的建议，立即摆下酒宴，当众宣布封雍齿为什邡侯，同时催促宰相和御史尽快给其他人定功行赏。

群臣将士们在酒宴后，纷纷议论说："雍齿都能够封侯，我们这些人也用不着担心了。"就这样，因不及时封赏功臣而引起的不安情绪很快都消失了。

四、主不可以怒而兴师

非利不动，非得不用，非危不战。主不可以怒而兴❶师，将不可以愠❷而致战。合于利而动，不合于利而止。

怒可以复喜，愠可以复悦，亡国不可以复存，死者不可以复生。故明君慎之，良将警之，此安国全军之道也。

注释

❶兴：发动、兴起、挑起。
❷愠（yùn）：生气、发怒。

第十二章　火攻篇

解读

没有利益就不行动,不能取得胜利就不用兵,不是危及国家存亡就不可轻易开战。国君不可因一时愤怒而发动战争,将帅不可因一时怨愤而出阵求战。符合国家利益才用兵,不符合国家利益即应停止作战。

愤怒还可以重新变为欢喜,气愤也可以重新转为高兴,但是国家灭亡了就不能复存,人死了也不能再生。所以,对待战争,明智的国君应该慎重,贤良的将帅应该警惕,这是安定国家和保全军队的基本道理。

感悟

这是孙子的慎战原则:如果没有必胜的把握,稳操胜券,或对我方有利,或到了生死存亡的关键时刻,不要轻易发动战争。否则,就会自食恶果。隋朝末年,炀帝非危而战,三征高丽,生灵涂炭,天怒人怨,不久便爆发了声势浩大的农民起义。李密、翟让、窦建德、李渊父子从四面八方杀出,中原大乱。炀帝逃向江都,仍然沉醉于酒色之中。一日,一群叛军持刀进入官中,杀死守军,围住炀帝。炀帝说:"我有何罪?"

叛军头目马文举厉声说道:"你穷奢极侈,轻为干戈,万民涂炭。"炀帝说:"朕负百姓,不负汝等。"

司马德说:"普天同怨,何止我等?今借陛下之首以谢天下。"

炀帝吓得魂飞魄散,苦苦哀求道:"天子怎能身首分离?"于是自解中带给令狐行达,令狐即将中带套于炀帝脖子上,用力一勒,炀帝气绝身亡。

《孙子兵法》开篇就指出:"兵者,国之大事,死生之地,存亡之道,不可不察也。"开宗明义地指出战争关系国家存亡,应持慎重态度。国君不可以因一时的愤怒而兴兵打仗,将帅不可凭一时怨愤而与敌交战。

孙武同时提出了"非利不动,非得不用,非危不战""合于利而动,不合于利而止"的思想。并且告诫说:"怒可以变喜,愠可以变悦。亡国不可以复存,死者不可以复生。故明君慎之,良将警之,此安国全军之道也。"在历史上,有不少君主以怒而兴师,将以愠而致战,危及社稷的例子。

《资治通鉴·魏纪》记载:公元221年六月,刘备为报东吴杀害关羽之仇,要举兵进攻孙权。赵云劝刘备说:"篡夺国家的是曹操,而不是孙权,如能先出兵灭掉魏国,则孙权自会屈服投降。所以,不应把大敌魏国置于一边,反先去与吴国作战。战争一起,是不能很快结束的。伐吴不是一个上策!"

刘备说:"我与关、张二弟桃园结义时,誓同生死。今云长已亡,我岂能独享富贵呢?"言未已,又哭绝于地。

孔明与众官再三劝解。刘备说:"我与东吴,誓不同日月也!"

孔明说:"闻东吴将关公首级献与曹操,操以王侯礼祭葬之。王上知道是为什么吗?"刘备摇头。

孔明说:"此是东吴欲移祸于曹操,操知其谋,故以厚礼葬关公,令王上归怨于吴也。"刘备说:"吾今即提兵问罪于吴,以雪吾恨!"

孔明谏道:"不可。方今吴欲令我伐魏,魏亦欲令我伐吴,他们各怀诡计,伺隙而乘。王上只宜按兵不动,且与关公发丧。待吴、魏不和,乘时而伐之,可也。"

众官又再三劝谏,但刘备一概不听,于公元222年大举进攻吴国。结果被陆逊火烧连营,损失了大部分兵力,从此蜀军一蹶不振。与此相反的例证,如司马懿忍诸葛亮胭粉之辱,不轻易出战,最后大败蜀军。

正反例证说明,君主、将帅都要以国家安危为系,"合于利而动,不合于利而止"。作为统帅,制怒、控愠事关大局,不可不予以足够重视。

第十三章　用间篇

　　《用间篇》论述使用间谍侦察敌情在作战中的重要意义,并论述间谍的种类和使用间谍的方法。孙武十分重视间谍的作用,认为它是作战取胜的一个关键,军队往往依靠间谍提供的情报采取行动。他认为那些"爵禄百金"而不重使用间谍的人,是"不仁之至也,非人之将也,非主之佐也,非胜之主也"。

　　怎样才能"知彼"?如何做到"先知"?他提出"先知者,不可取于鬼神,不可象于事,不可验于度,必取于人,知敌之情者也"。

　　孙武把间谍分为五种:因间、内间、反间、死间、生间。所谓因间,就是利用敌国乡里的普通人为间谍;所谓内间,就是利用敌国的官吏为间谍;所谓反间,就是利用敌方的间谍来为我所用;所谓死间,就是散布假情报给敌方的我方间谍;所谓生间,就是派往敌方侦察敌情以后能生还回来报告的间谍。

　　这五种间谍,前三种是利用敌方人员,后两种是由我方派遣潜入敌人内部的。若同时使用这五种间谍,情报的来源就十分广泛,打起仗来便能使敌人茫然不知所以,确实是神妙莫测。其中从反间得来的情报最重要,因此要特别重视反间,给反间的待遇应该特别优厚。

孙子兵法

一、凡兴师十万

孙子曰：凡兴师十万，出征千里，百姓之费，公家之奉①，日费千金，内外骚动②，怠于道路③，不得操事④者，七十万家⑤。相守数年⑥，以争一日之胜。而爱爵禄百金⑦，不知敌之情者，不仁之至也，非人⑧之将也，非主之佐也，非胜之主⑨也。故明君贤将所以动而胜人⑩，成功出于众者，先知⑪也。先知者，不可取于鬼神⑫，不可象于事⑬，不可验于度⑭，必取于人，知敌之情者也。

注释

① 奉（fèng）：同"俸"，指军费开支。

② 内外骚动：指举国上下混乱不安。内外，前方、后方的通称。

③ 怠（dài）于道路：怠，疲惫、疲劳。此言百姓因辗转运输而疲于道路。

④ 操事：指操作农事。

⑤ 七十万家：比喻兵事对正常农事的影响之大。

⑥ 相守数年：相守，指相持、对峙。相守数年即相持多年。

⑦ 而爱爵禄百金：而，如果。爱，吝啬。

⑧ 非人：不懂得用人（间谍）。

第十三章　用间篇

❾ 非胜之主：不是取胜的主宰者。

❿ 动而胜人：动，行动、举动，这里指出兵。句意为一出兵就能战胜敌人。

⓫ 先知：指事先侦知敌情。

⓬ 不可取于鬼神：指不可以用祈祷、祭鬼神和占卜等方法去求知敌情。

⓭ 不可象于事：象，类此、比拟。事，事情。意为不可用与其他类似事情作类比的方法去求知敌情。

⓮ 不可验于度：指不能用分析日月星辰运行位置的办法去求知敌情。验，应验、验证。度，度数，指日月星辰运行的位置。

解读

孙子说，凡兴兵10万，征战千里，百姓的耗费，国家的开支，每天都要花费千金，前方后方动乱不安，民夫戍卒疲惫地在路上奔波，不能从事正常耕作生活的多达70万家。这样相持数年，就是为了决胜于一旦。

如果吝惜爵禄和金钱，不肯重用间谍，以致因不能掌握敌情而导致失败，那就是不仁到了极点，这种人不配做军队的统帅，称不上是国家的辅佐，也不是胜利的主宰者。

所以，英明的君主和贤良的将帅，他们之所以一出兵就能战胜敌人，功业超越常人，就在于他们能够预先掌握敌情。要事先了解敌情，但不可用求神问鬼的方式来获取，不可拿相似的事做类比推测来得到，也不可用日月星辰运行的位置去做验证，一定要取之于人，从那些熟悉敌情者的口中去了解。

孙子兵法

感悟

"先知"是孙子兵法里一个非常重要的概念，它与情报有关。知己知彼、知天知地，其目的就是为了"先知"。而在战争中，要真正做到"先知"，就必须重用间谍，如果吝惜钱财，反被敌方金钱所累，出卖自身利益，就会危害国家的根本利益。

虞国和虢国是春秋时期两个毗邻的小国，而且订有盟约，互相友善。当时，晋国欲与强楚争霸中原，必须南下中原伐虢，但中间隔着虞国，不

便下手。公元前658年，晋国大夫荀息获悉虞公有贪财好利、见利忘义的弱点，于是将珍贵的良马和美玉奉献给虞公，虞公不了解荀息的企图，见了良马宝玉喜不自胜。

接着荀息又用甜言蜜语称颂虞公，虞公莫不欣喜若狂，不仅答应借道给晋国伐虢，而且还愿意出兵助晋伐虢，将虞虢两国的盟约和唇亡齿寒的道理忘得干干净净。公元前655年，晋国大军借途伐虢，不仅灭亡了虢国，也顺道灭了虞国。

二、用间有五

故用间有五❶：有因间❷，有内间，有反间，有死间，有生间。五间俱起，莫知其道❸，是谓神纪❹，人君之宝❺也。

因间者，因其乡人而用之❻。内间者，因其官人❼而用之。反间者，因其敌间而用之❽。死间者，为诳事❾于外，令吾间知之，而传于敌间也。生间者，反报也❿。

> 注释

❶ 用间有五：使用间谍的方法有五种，即因间、内间、反间、死间、生间。

❷ 因间：间谍的一种，即本篇下文所说的"乡间"，其依赖与敌人的乡亲关系获取情报，或利用与敌军官兵的同乡关系，打入敌营从事间谍活动，获取情报。

❸五间俱起，莫知其道：此言若能同时使用这五种用间之法，便可使敌人无法摸清我军的行动规律。道，规律、途径。

❹神纪：神妙莫测之道。纪，道、办法。

❺人君之宝：宝，法宝。句意为"神纪"是国君制胜的法宝。

❻因其乡人而用之：指利用敌国的普通人做间谍。因，凭借，根据。这里引申为利用。

❼官人：指敌国官吏。

❽反间者，因其敌间而用之：反间，就是收买或利用敌方派来的间谍，使其为我所用。

❾诳（kuáng）：迷惑，欺骗。

❿生间者，反报也：指到敌方了解情况后能亲自返回报告情况的人。反，同"返"。

解读

间谍的运用方式有五种，即因间、内间、反间、死间、生间。要同时使用这五种用间方法，使敌人无从琢磨我用间的规律，这就是使用间谍的神妙莫测，也是国君克敌制胜的法宝。

所谓"因间"，就是用敌国的普通人做间谍。所谓"内间"，就是用敌国的官吏做间谍。所谓"反间"，就是收买或利用敌人派来的间谍，使他为我所用。所谓"死间"，就是有意散布虚假的情况，好像泄露机密似的，让隐藏在我方的间谍知道，传报给敌人。敌人上当后，往往将其处死，所以称"死间"。所谓"生间"，就是我方派到敌方去侦察后，能够亲自返回来报告敌情的人。

感悟

孙子在此指出了使用间谍的五种方法，提出只有将五种方法交替使用，才会神秘莫测，成为克敌制胜的法宝。孙子认为要了解敌情，就必须全面使用间谍，扩大情报的来源，以便得到完整、精确、周密的情报，并根据这些情报采取相应的军事行动，使敌人茫然无所适从，进而使我军取得战争胜利。

战国时，魏公子信陵君采取各种手段，收买了各方间谍，因此对国内外的情况了如指掌。有一次，魏公子信陵君正在和魏王下棋，突然北方传来报警的烽火，说是赵国出兵侵犯魏国。魏王惊慌失措，魏公子却说是赵王打猎。又过了一会儿，果然又从北方传来消息说："方才是赵王打猎。"魏王问魏公子原因，魏公子回答："我的门客探听的。"

原来，魏公子信陵君养了许多门客，充当各种间谍，打入赵国统帅内部。可见，早在春秋战国时代，间谍战就已经非常发达了。

三、三军之事，莫亲于间

故三军之事，莫亲于间❶，赏莫厚于间❷，事莫密于间❸。非圣智❹不能用间，非仁义不能使间❺，非微妙不能得间之实❻。微哉微哉，无所不用间也。间事未发，而先闻者，间与所告者皆死。

凡军之所欲击❼，城之所欲攻，人之所欲杀，必先知其守将、左右、谒者、门者、舍人❽之姓名，令吾间必索知❾之。

孙子兵法

注释

❶ 三军之事，莫亲于间：三军中最亲信的人，无过于委派的间谍。

❷ 赏莫厚于间：没有比施赏给间谍更优厚的赏赐。

❸ 事莫密于间：军机事务，没有比间谍之事更为机密的。

❹ 圣智：才智过人的人。

❺ 非仁义不能使间：指如果吝啬爵禄和金钱，不能做到以诚相待，就无法用好间谍。

❻ 非微妙不能得间之实：微妙，精细机敏。这里指用心精细、手段巧妙。实，指实情。意为不是用心精细、手段巧妙的将领，不能分析间谍取得之情报的真实与否。

❼ 军之所欲击：即"所欲击之军"，此句为宾语前置句式。即所要攻打的敌方军队。

❽ 守将、左右、谒（yè）者、门者、舍人：守将，主将。左右，守将的亲信。谒者，指负责传达通报的官员。门者，负责守门的官吏。舍人，门客，指谋士幕僚。

❾ 索知：全部知道。索，尽、全部。

解读

所以在军队中，没有比间谍更亲近的人；在奖赏中，没有比赏赐给间谍更为优厚的；也没有什么事情比间谍更为机密的了。不是才智超群的人不能使用间谍，不是仁慈慷慨的人不能指使间谍，不是谋虑精细的人不能分辨间谍提供的情报。微妙啊，微妙！真是无时无处不可以使用间谍！

间谍的工作还未开展，而已泄露出去的，那么间谍和泄露秘密的人都要处死。

凡是要攻打的敌方军队，要攻占的敌方城市，要刺杀的敌方人员，都须预先了解其主管将领、左右亲信、负责传达的官员、守门官吏和门客幕僚的姓名，指令我方间谍一定要将这些情况侦察清楚。

感悟

孙子在此论述了间谍的极端重要性和极其重要的地位，在军队中，最亲密的人就是间谍，由于间谍身份的特殊性，对待间谍必须异于常人，给予最高的奖赏，从而达到"士为知己者死"的目的。

有的提出："择己有贤才智谋，能自开通于敌之亲贵，察其动静，知其事计，彼所为已知其实。"意思是，选择那些贤才、智谋之士，他们能打通敌方的亲信显贵，以此来侦察敌方的动静，了解敌方的军事谋略、所作所为，并活着回来报告。这些都是间谍的重要作用。

韩信井陉攻赵之战，就是他派出间谍探听到陈余不听李左车之计的情况，间谍回来汇报之后，他才下决心向井陉口进发的。

四、反间可得而用也

必索①敌人之间来间我者，因而利之②，导而舍之③，故反间可得而用也。因是而知之，故乡间、内间可得而使也④；因是而知之，故死间⑤为诳事，可使告敌。因是而知之，故生间可使如期⑥。五间之事，主必知

孙子兵法

之，知之必在于反间，故反间不可不厚也[7]。

昔殷之兴也，伊挚[8]在夏；周之兴也，吕牙[9]在殷。故惟明君贤将，能以上智[10]为间者，必成大功。此兵之要，三军之所恃而动[11]也。

注释

①索：搜索。

②因而利之：趁机收买、利用敌间。因，由，这里有趁机、顺势之意。

③导而舍之：设法诱导他，并交付一定的任务，然后放他回去以利己用。

④乡间、内间可得而使也：意谓通过"反间"了解敌情，乡间和内间就能有效地加以使用了。

⑤因是而知之：指从反间那里获悉敌人内情。

⑥可使如期：可使如期回报。

⑦故反间不可不厚也：厚，厚待，有重视之意。间之中，以反间为关键，因此必须给予反间十分优厚的待遇。

⑧伊挚（yī zhì）：即伊尹，原为夏桀之臣，商汤灭夏时，用他为相，灭了夏。

⑨吕牙：即姜子牙，俗称姜太公，原是商纣王的臣子，后归周。周武王用他为统帅，灭了商。

⑩上智：指具有很高智谋的人。

⑪所恃而动：指依靠间谍所提供的情报而采取行动。恃，依靠。

第十三章 用间篇

解读

一定要搜查出敌方派来侦察我方军情的间谍,并用重金收买他、引诱利用他,然后再放他回去。这样,反间就可以为我所用了。通过反间了解敌情,这样,乡间、内间也就可以使用了。通过反间了解敌情,这样,就能使死间传播假情报给敌人了。通过反间了解敌情,这样就能使生间按预定时间回报敌情了。五种间谍的使用,国君都必须了解掌握。而了解情况的关键在于使用反间,所以对于反间不可不给予最优厚的待遇。

从前殷商的兴起,在于重用了在夏朝为臣的伊挚,他熟悉并了解夏朝的情况;周朝的兴起,是由于周武王重用了了解商朝情况的吕牙。所以,明智的国君,贤能的将帅,能用智慧高超的人充当间谍,就一定能建树大功。这是用兵的关键,整个军队都要依靠间谍提供的敌情来决定军事行动。

感悟

孙子强调"知己知彼,百战不殆",而做到"知彼",最常用的方法就是使用间谍,深入敌人内部,刺探敌人情报,因此古今中外的战争史,也可以说是一部间谍史。

孙子把用间作为夺取军事胜利的先决条件,把用间能力看成是统兵将帅必须掌握的重要军事技能;同时也看到了通过用间得来的情报可能不真实,担心敌人会用反间计来愚弄自己,所以谆谆告诫人们:"微哉!微哉!无所不用间也。"

孙子对用间进行了全面的论述,其中特别强调反间的运用,反间的具体运用就是我们常说的反间计。《三十六计》第三十三计:"反间者,因

孙子兵法

敌之间而间之也。"意思是在欺骗敌人的手段中，又布置一层"迷雾"，顺势利用敌人的间谍辅助我工作，就可以有效地保全自己，争取胜利。

反间计的手段是以假乱真。包含两个方面：一，敌间谍被发现或捕获后，不是公开审判，而是暗中以重金收买，使他变为己方控制下给敌方提供假情报的双重间谍；二，发现了敌间谍，并摸清了他的来意，但不露声色，装得像根本不知道一样，采取将计就计的办法，透露一些假情报，使敌以假当真，借以利用敌人的错误达到目的。

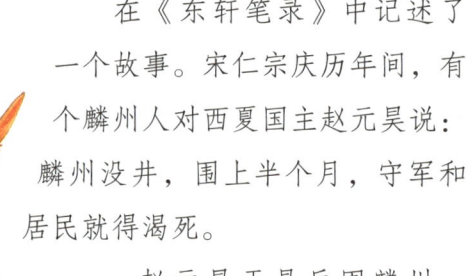

在《东轩笔录》中记述了一个故事。宋仁宗庆历年间，有个麟州人对西夏国主赵元昊说：麟州没井，围上半个月，守军和居民就得渴死。

赵元昊于是兵围麟州，数日之后，城中无水，十分危急。临危之际，有个军士建议挖取沟泥涂到城墙高处的草上，让水渗到城下以示城中有水，麟州主帅采纳了这个建议。当赵元昊见草上有稀泥，城墙有渗水，就杀了当初那个献计之人，撤军而去。

历史上用反间计最有名的莫过于东汉末期的著名司徒王允。王允，字子师，太原祁

（今山西祁县）人。

王允出身官宦世家，19岁就开始任公职，壮年时任豫州刺史。因为在和中常侍张让的斗争中失败，王允被迫去官隐居，在中平六年（公元189年），何进掌权之后重新出仕，历任从事中郎和河南尹。

在何进被宦官诛杀，董卓掌权时，他又晋升为司徒兼尚书令。但是，董卓在进驻洛阳后，废立少帝，毒杀太后，广植党羽，培养亲信，控制朝廷，种种行径令人发指。

董卓的倒行逆施行为，令王允认识到，董卓不是大汉的救世主，而是威胁东汉政权的最大隐患，他必须采取必要措施遏制和除掉董卓。可是，董卓手中掌握有强大的军事力量，党羽众多，特别是董卓有一个义子，就是著名的武将吕布，武艺高强，朝中无人是他的对手。满朝文武对董卓是又恨又怕，可是谁也没有办法。

王允采用韬光养晦策略，表面上顺从董卓，让他放松对自己的戒备，实际上却在细心计划，周密布置。

王允发现，董卓和吕布虽然号称父子，但是吕布为人头脑简单，而且二人都好色，就希望使用"美人计"离间他们，让他们互相残杀，最后除之。但苦无良人，终日茶饭无心。

话说王允府中有一个歌伎，名叫貂蝉，她长得闭月羞花，能歌善舞，更难得的是她聪慧过人，善解人意。这几天，她发现王司徒忧虑重重，知道他有难解心事，就主动提出为他分忧。王允貂蝉聪明貌美，心中一亮，便将貂蝉收为义女，精心设计了个"反间计"。

在一次私人宴会上，王允主动提出将自己的女儿貂蝉许配给吕布。吕布见这一绝色美人，喜不自胜，十分感激王允。二人决定选择吉日完婚。

第二天，王允又请董卓到家里来，酒席之间，要貂蝉献舞。董卓一见，馋涎欲滴。王允说："太师如果喜欢，我就把她奉送给太师。"老贼假意推让一番，就高兴地把貂蝉带回府中去了。

吕布得知此事之后大怒，他在路上拦住王允。质问他为什么把一个女人许配给两个男人。王允编出一番巧言哄骗吕布。他说："太师自己看上了她，我哪里敢违抗啊？我更不敢说这是将军您的女人，不然，我哪里知道后果是怎样的啊！"

吕布对王允的话信以为真，开始恨上董卓。在吕布的意识中，董卓既然抢了他的女人，就不是他的义父了。他们之间终于出现了不可弥补的裂痕。王允成功地挑起了董、吕两人的矛盾，貂蝉也处处设计离间董卓、吕布父子，使董卓、吕布反目成仇。

日久天长，这种裂痕终于爆发。一日董卓上朝，忽然不见了身后的吕布，心生疑虑，马上赶回府中。

在后花园凤仪亭内，吕布与貂蝉抱在一起，郎情妾意。董卓一见，顿时大怒，他挥起手中的长戟朝吕布刺去，吕布用手一挡，没能击中。此时，吕布对董卓虽有恨意，却没有杀机。他躲开长戟后，便怒气冲冲地离开太师府。

王允见时机成熟，立即邀吕布到密室商议。

王允在吕布面前义愤填膺，大骂董贼强占了自己的女儿，夺去了将军的妻子，实在可恨。

吕布咬牙切齿地说："不是看我们是父子关系，我真想宰了他。"

王允忙说："将军错了，你姓吕，他姓董，算什么父子？再说，他抢占你的妻子，还用戟刺你，哪里还有什么父子之情？更何况，如今天下人都在忌惮董卓，你若杀了他，就是为天下人立功了。"

吕布一听，热血沸腾，扬头说道："感谢司徒的提醒，不杀老贼，誓不为人!"

王允见吕布已下决心,立即假传圣旨,说召董卓上朝受禅。董卓耀武扬威,进宫准备受禅当皇帝。

事前,吕布派同郡骑都尉李肃等人带领十多名心腹亲兵,穿上宫廷侍卫的服装,潜伏在宫殿侧门两边。当董卓大摇大摆地出现在侧门外时,立即遭到潜伏在门后的李肃等人的突然袭击。

董卓急呼吕布,吕布手捧圣旨,大呼:"奉旨杀贼!"话音未落,手起戟落,董卓惨叫一声倒在地上。董卓死后,被夷三族。

董卓被杀,朝廷上下一片欢腾。董卓祸国殃民的行径,激起了天下人们的极度痛恨,铲除董卓,不仅顺应时代潮流,而且合乎天下民心。它的意义不仅仅只在于谋杀董卓一名奸臣,而且还深刻影响着东汉末年的历史进程。司徒王允用自己的智慧和一身正气,赢得了铲除董卓斗争的胜利和世人的称赞。

名言妙语

1. 兵者,国之大事,死生之地,存亡之道,不可不察也。
2. 兵者,诡道也,故能而示之不能,用而示之不用,近而示之远,远而示之近。
3. 利而诱之,乱而取之,实而备之,强而避之。
4. 攻其无备,出其不意。
5. 兵无常势,水无常形,能因敌变化而取胜者,谓之神。
6. 夫兵形如水,水之形避高而趋下,兵之形避实而击虚。
7. 善出奇者,无穷如天地,不竭如江河。
8. 知彼知己,胜乃不殆,知天知地,胜乃不穷。
9. 善用兵者,避其锐气,击其惰归。
10. 出其所不趋,趋其所不意。
11. 知可以战与不可以战者,胜。
12. 知彼知己,百战不殆;不知彼知己,一胜一负,不知彼不知己,每战必殆。
13. 识众寡之用者,胜。
14. 故百战百胜,非善之善者也;不战而屈人之兵,善之善者也。
15. 用兵之法,十则围之,五则攻之,倍则分之,敌则能战之,少则能逃之,不若则能避之。
16. 无约而请和者,谋也。

17. 敌近而静者，恃其险也；远而挑战者，欲人之进也。

18. 投之亡地然后存，陷之死地然后生。

19. 始如处女，敌人开户；后如脱兔，敌不及拒。

20. 主不可以怒而兴师，将不可以愠而致战；合于利而动，不合于利而止。

21. 视卒如婴儿，故可与之赴深溪；视卒如爱子，故可与之俱死。

22. 夫未战而庙算者，得算多也；未战而庙算不胜者，得算少也。多算胜，少算不胜，而况于无算乎！

23. 兵之情主速，乘人之不及，由不虞之道，攻其所不戒也。

24. 上兵伐谋，其次伐交，其次伐兵，其下攻城。

读后感

我读了《孙子兵法》后，感到其中有一个"全"字很重要，就如同孔子的"仁"、老子的"道"一样。这里的"全"指的是战略，是大战略。"全"字是"人"和"王"的组合，便清楚表明了"全"道才是王道。所谓求"全"就是力求保持自己不被破坏，或者至少把破坏减到最低限度，而同时又能够克敌制胜，达到斗争的最佳效果。

"全"字在"谋攻"篇里出现过七次，为"全"而"谋"，"谋"是以"全"为原则。孙子认为，不战而屈人之兵，是最佳的选择，是最高的理想，其结果是"兵不钝而利可全"。只有不战而屈人之兵，才能在打击敌人的同时，最大限度地保全自己。所以，"全"才是最完美的天平，衡量着胜利的效果程度。

我认为，孙子提出"全"的思想，表现了他宽广博大的心胸和高瞻远瞩的目光。为什么呢？因为历来的将军们都认为，要表现出自己军队的战斗力量，就只有"打"。

可是，孙子却在"全"中提出了尽量不要打，要靠总体的战略获胜，要取得全局性的胜利。

"百战百胜，非善之善者也"，什么才是孙子认为的"善"呢？"兵者，国之大事，死生之地，存亡之道，不可不察也"，一位为国为民的将军，怎么能够轻易用兵，并把国家安全和士兵的生死置之度外呢？"善"就是"兵不钝而利可全"，战只是手段，获胜才是目的，如果自己损失十分惨重，那就谈不上获利了。

我不禁思考起来，怎么才能做到"全"呢？我想首先要尽量避免不战，而又能达到最佳的军事目的，这就是慎战原则。慎战，是尽量避免损失的方法，避免成为战争的牺牲品，而又能达到"胜可为"的最佳效果。

在我国古代有很多"和亲"的故事，如汉代的昭君出塞、唐代的弘化公主远嫁吐谷浑、文成公主远嫁吐蕃等，其实本质就是通过联姻来避免战争的出现。

最明显的就是有一个"围魏救赵"事件，说是在战国期间，魏国将军庞涓率领10万大军围攻赵国都城邯郸，赵国派使者去齐国请求支援。当时齐国大将田忌提出愿意率10万大军去与庞涓决一死战。这时军师孙膑提出了不战的方法，就是趁魏国国度空虚，只需齐国向魏国国都进军就可令庞涓回师。结果迫使魏国撤回攻赵的军队，从而使赵国得救了。这就是通过不战而达到战的效果的典型例子。

尽管孙子最提倡不战的方法，但是他也认为有时候很难做到，所以他用了大量篇幅写如何战的问题。为了取得"全胜"，几乎就写成了整部《孙子兵法》。所以，"全"其实是整部《孙子兵法》的纲领和核心。

为了达到"全"的斗争效果，孙子提出了"知己知彼，百战不殆"的策略。这是《孙子兵法》最光辉的军事思想，同时他提倡的谋略也是建立在了解敌我双方力量基础上的，因此始终贯穿于《孙子兵法》之中。

何谓"知己"，就是对自身条件的严格审查和分析，这样才能做好客观的分析，才能知道我方的军事优势何在，并以此进行谋略和战术安排；何谓"知彼"，就是对敌方的力量能够进行深入了解，分析敌人的优势和劣势，做到避强击弱，因敌谋略，采取不同的应战方案。所谓

"知己知彼"即为了"运筹于帷幄之中",并"决胜于千里之外"。

因此,我认为在现代激烈的商业竞争中,企业之间的竞争讲究对实际情况进行详细、准确、全面、深入的了解,才能进行周密严谨的分析,并做出切合企业实际情况的战略和应对措施,以获得竞争的胜利。在企业活动中,要对市场进行商业调查报告,要对消费者进行竞争双方产品使用情况的调查,对企业自身所处环境要先知,对竞争对手产品的详细信息要先知,那么就可以进行严密的"庙算"了,战略也就会取得最大成功了。

总之,无论是战争,还是竞争,都是一门伟大的艺术,并不是取胜了就可以的。全胜就是要尽量不战而胜,即使要战也应在尽量减小伤亡的同时,取得彻底的全局性的胜利,最根本的是要用最小的代价取得最大的利益。这就需要我们认真对待,努力找出能够取得全胜的最完美的方案,也就是"必以全争于天下"。